Cordelière la Carmélite

RECUEIL

DES

PIERRES TOMBALES

des Églises et Couvents

DE

CHALONS-SUR-MARNE

PUBLIÉ

PAR MM. ANAT, ET ÉD. DE BARTHÉLEMY

PARIS

Champion, Éditeur, 15, Quai Malaquais

M DCCC LXXXVIII

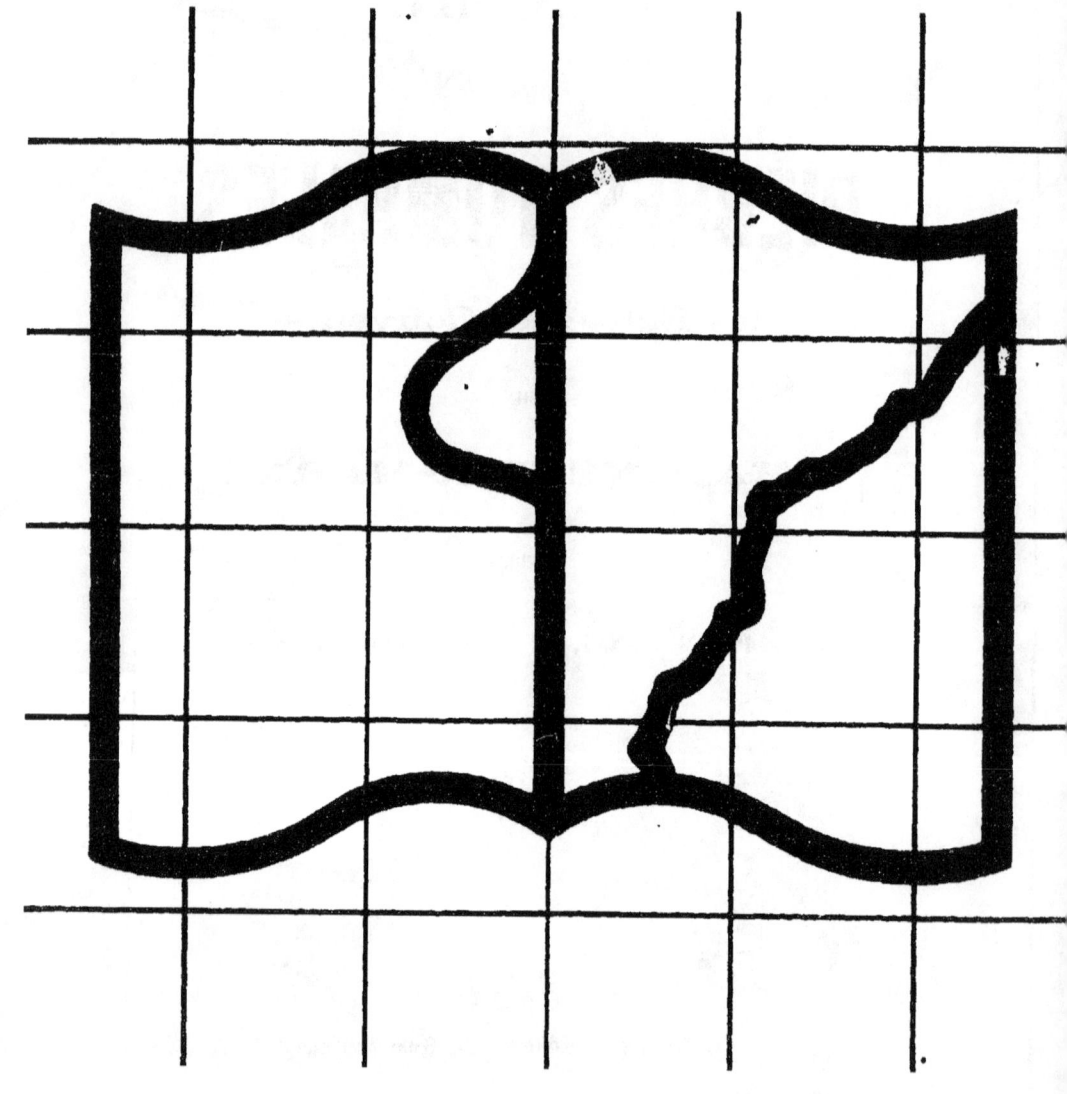

RECUEIL

DES

PIERRES TOMBALES

des églises et couvents

DE

CHALONS-SUR-MARNE

PUBLIÉ

PAR MM. ANAT. ET ÉD. DE BARTHÉLEMY

PARIS

H. CHAMPION, Éditeur, 15, Quai Malaquais

—

M.DCCC.LXXXVIII

RECUEIL

DES

PIERRES TOMBALES

DES ÉGLISES ET COUVENTS

de Châlons-sur-Marne

I.

Peu de villes, comme Châlons-sur-Marne, peuvent, fournir une collection aussi considérable de dalles funéraires également précieuses pour l'archéologue et pour l'historien désireux de connaître l'état réel des familles; en outre de recueillir, par des monuments assurément authentiques, bien des renseignements précis sur les conditions sociales des siècles passés. Nous venons de dire « l'état réel des familles »; c'est qu'en effet en parcourant ces longues listes funèbres, on est frappé, tout d'abord, de la modeste origine de nombre de familles qui, peu après, ont occupé des positions considérables.

On sait qu'autrefois les églises étaient de véritables cimetières où l'on tenait à se faire inhumer de préférence aux enclos, dans lesquels, en réalité, on n'enterrait que les gens des plus humbles classes. Il ne faut pas croire cependant que l'inhumation dans les églises fut exclusivement réservée aux ecclésiastiques et aux personnages de condition. Ce travail prouvera au contraire qu'on y accueillait des bourgeois, de simples marchands, des huissiers, des sergents, voire même des manouvriers. Mais l'exception est cependant assez rare pour ceux-ci.

Nous avons reconstitué ce catalogue à l'aide de diverses sources que nous croyons devoir indiquer avant d'aller plus loin. D'abord un recueil manuscrit de la Bibliothèque nationale. Supplément français 5024[12], intitulé : « Epitaphes. Champagne, Meaux, Beauvais, Metz et environs, » incomplet, rédigé vers la fin du XVIIe siècle et contenant 114 tombes châlonnaises (1). — Ensuite le tome 6 de la collection de Champagne (topog. Châlons-sur-Marne, hist. ecclés.); il contient 182 tombes avec dessins grossiers à la plume des écussons des familles, faits au milieu du XVIIe siècle. — Le volume de Gaignières, Champagne et Brie, f°s 11 à 15, conservé au département des estampes

---

(1) Ce volume contient 323 feuillets : une trentaine sont remplis par un extrait des mémoires de Foulquart, procureur-syndic des habitants et de la ville de Reims, de 1479 à 1498.

de la Bibliothèque nationale P° 6 ; il faut y joindre le tome 15 de la même collection qui contient f°s 9 à 59 les copies des dessins dont les originaux sont aujourd'hui à Oxford. Le relevé des dalles encore existantes dans les églises de Châlons : Cathédrale, Notre-Dame, Saint-Alpin, Saint-Loup, Saint-Jean et dans la chapelle du couvent Saint-Joseph, dressé dans divers mémoires par MM. l'abbé Begin, l'abbé Hurault, Grignon, Barbat, Liénard, et révisé par mon frère et par moi. — Le catalogue des sépultures des évêques de Châlons, qui se retrouve dans différents recueils anciens et modernes.

Quelques-unes de ces tombes, celles des XIII° et XIV° siècles notamment, sont de superbes spécimens de l'art à cette époque, et il est fâcheux qu'une publication commencée en 1852, par M. Didron, avec la collaboration de M. l'abbé Musard et la nôtre, où chaque dalle devait être reproduite dans le format in-folio, n'ait pu avoir de suite. C'eût été une incomparable collection pour l'archéologie. Quelques-unes de ces tombes ont disparu à la suite des travaux exécutés dans les églises ; mais le plus grand nombre, heureusement, a été conservé, et elles sont relevées actuellement contre les parois des murs intérieurs à la cathédrale et à Notre-Dame ; elles sont désormais à l'abri de toute chance de dégradation. Celles de la cathédrale ont été les plus éprouvées : lors de la réfection du pavage 1831-1832, un architecte dont nous voulons ignorer le nom, ne trouva rien de plus ingénieux que de faire scier la bordure des plus belles dalles pour faire avec celles-ci un chemin égal dans la nef de l'église. Cinq ans plus tard, la chute de l'échafaudage dressé pour la réfection des voûtes, amena encore la destruction de beaucoup de dalles.

Les tombes de la cathédrale, de Notre-Dame et Saint-Alpin y ont toujours existé, mais pour les autres églises, elles y ont été plus récemment apportées à la suite des destructions révolutionnaires. Saint-Alpin même en a quelques-unes amenées en prairial an v du couvent des Jacobins. Celles de Saint-Loup proviennent du couvent des Augustins et des Trinitaires, et ont été mises en place en 1805. Celles de Saint-Jean sont dans un état déplorable.

Ajoutons qu'un assez grand nombre de dalles ont été prises par des particuliers et sciées pour servir de marches ou de pavage ; on en voit des fragments dans une foule de maisons ; la tombe d·Baugier, par exemple, presque complètement effacée, se trouve aujourd'hui dans une maison de la rue Sainte-Croix, où elle sert de marche.

II.

Les archives de la paroisse Notre-Dame nous fournissent de précieux renseignements sur le mode d'inhumation qui était évidemment observé pour toute la ville de Châlons.

Un accord passé entre les chanoines de cette collégiale et les paroissiens, au mois d'avril 1329, constate que les inhumations se faisaient dans l'église, dans le cloître et dans le cimetière. Le taux fixé dans cet acte « suivant la coutume » pour les fosses, était de 10 sols dans l'église, moitié dans le cloître, 2 sols 6 deniers dans le cimetière devant le portail et 12 deniers partout ailleurs (1). Les ecclésiastiques n'avaient rien à payer et choisissaient à leur gré l'emplacement de leurs sépultures. La sonnerie coûtait uniformément 12 sols 6 deniers pour un paroissien et 22 sols 6 deniers pour un étranger.

On trouve dans les comptes paroissiaux certains détails bons à relever (2). Celui de 1389 nous

---

(1) Le compte de Notre-Dame pour 1490, nous indique une recette de trois sols six deniers pour l'ensevelissement de Sanche Deu dans cette église.

(2) Comptes de 1389 : « Autres receptes des fosses à corps faites en ladite année..... LXXV s. VII d. — Pour la femme Jehan Noisette en l'église ; Hemmeline le Wachier ; la femme Jehan Noisette l'épicier et ses enfants ; dame Marie de Mortefontaine, en l'église ; l'enfant Robinet d'Avergny ; l'enfant Gilet Amoole ; au cloître ; l'enfant Jehan Le Grant, au même ; Jehan

apprend qu'on employait des draps d'or pour mettre sur le corps (1).

L'inventaire dressé en 1526, constate qu'il existait à Notre-Dame trois draps mortuaires de catégorie différente : l'un « à ymage Notre-Dame pour les bourgeois ; le second semé d'oiseaux pour les chapelains ; un dernier pour les chanoines » sans qu'on indique son ornementation.

En 1623, le droit d'inhumation dans l'église fut élevé à 3 livres, et pour les enfants à 22 sols. Mgr de Saulx-Tavannes voulant rendre cet usage moins fréquent, fixa, en 1727, ce droit à 12 livres pour grandes personnes et moitié pour un enfant. En 1761, l'intendant fit exiger 100 livres plus 6 liv. de chaux ; le cercueil devant être apporté ouvert pour qu'on pût introduire ce désinfectant. Enfin en 1776, une déclaration royale interdit absolument l'inhumation dans les églises sans une autorisation spéciale, très difficile à obtenir.

Boisset, devant l'horloge ; la veuve Husson Cotelle, au cloître ; la veuve François Massin. »

« Autre recepte du droit des cloches qui sonnèrent pour la femme Jehan Noisette, la dame de Mortefontaine et la femme Jehan Amoole, cì..... xxxviii s. iiii d.

(1) Autre recepte des draps d'or à mettre sur les corps, tant des bons draps d'or, comme des menus, pour la femme Jehannet Noisette (menu), et pour dame Marie de Mortefontaine (bon), cì..... xxx s.

III.

L'usage des plates-tombes remonte, suivant Viollet-le-Duc, au XIIe siècle ; mais celles-ci présentaient encore assez de relief sur le sol pour qu'on ne pût marcher dessus, et c'est seulement vers 1225 que l'on commença à voir des plates-tombes au ras du sol et gravées. Quelquefois on les faisait en mosaïque, mais rarement et antérieurement au XIIIe siècle, ou en cuivre. A dater du commencement du XIIIe siècle, ou plaçait en grand nombre dans les églises des pierres tombales au ras du sol, représentant l'effigie du défunt en bas-relief. La nécessité de ne pas entraver la marche des fidèles décida les artistes à graver en creux les dessins de l'ornementation toujours très riche de ces monuments. Souvent la figure et les mains étaient en marbre blanc ou en cuivre; les dalles généralement en marbre et en pierre de liais. Les personnages étaient figurés presque de grandeur naturelle, courbés dans une dévote attitude sous les arcades ogivales où la fantaisie de l'artiste se donnait libre carrière, avec des écussons armoriés pour les gentilshommes, des anges priant ou encensant. L'usage de la figuration des défunts se prolongea jusqu'au XVIe siècle, mais devint beaucoup plus rare ; des inscriptions les remplacèrent généralement avec de nombreux blasons, même pour les familles des plus modestes origines.

A cette époque, le pavage de nos églises ne se composait déjà plus que de dalles tombales juxtaposées ; on peut comprendre combien le nombre en était grand, par ce que nous pouvons encore en voir, malgré d'incessantes destructions.

Nous croyons assez intéressant de reproduire ici deux documents qui, pour concerner la Normandie, se rapportent évidemment très directement au sujet qui nous occupe, car en pareille matière, les ouvriers devaient sans nul doute procéder de même dans toutes les provinces L'un nous apprend ce qu'il en coûtait pour faire faire une dalle richement ornée à la fin du xiv° siècle. Nous les empruntons au tome III du *Bulletin de la Commission des antiquités de la Seine-Inférieure*, auquel M. de Robillard de Beaurepaire les a communiqués. Ils sont très précis et très complets pour le sujet qui nous occupe en ce moment.

Jaquemin Sanse, tombier, demeurant à présent à Rouen, s'oblige à Guillaume de la Marc, bourgeois de Rouen, ad ce que il lui fera une tombe dont ledit bourgeois lui doit bailler la pierre sur laquelle tombe ledit Jacquemin fera IIII ymages, lesquiels ymages auront les mains et visages d'allebastre, et par dessus icette tombe sera tenu faire un jugement ouvré et gravé ainsi qu'il appartient, et en icelle fera semblablement VIII enfans par dessoulz et IIII euvangélistes a IIII cornez, et VIII esuz de letton armoyez à telx armes comme ledit bourgeur vouldra décider, c'est assavoir cest marchié faict par XC l. t.: et promist ledit Jacquemin commencher à faire icelle tombe dedens karesme prenant prouchain et la rendre toute preste dedens la S. Jehan Baptiste prouchainement après ensuivant, et la sera tenu mener et mestre, tant de luy que de ses aides dedens l'église S. Eloy de Rouen par ainsi que s'il ne la livre toute preste dedens ledit terme S. Jehan, il voult et acorda que ledit bourgeois ait, cueille et liève sur M° Pierre Chaval, chanoine de Rouen la somme de XV l. t. en quoy icellui chanoine est tenu audit Jaquemin si comme icelui Jaquemin disoit et semblablement veult et acorda que il ne puisse jouir et estre paié de certaine somme d'argent qui il doit avoir pour faire la tombe de Madame de Clerc derrairement trespassée jusques ad ce que la tombe dudit bourgeois soit faite. — 26 décembre 1392.

∴

Je soussigné Thomas Brière, maistre masson, demeurant en ceste ville de Rouen, paroisse de Sainct Lande le Viel, confesse avoir faict marché avec Monsieur le prieur de S. Lo de ceste ville, luy faire une tombe de pierre de Vernet, de la longueur de sept pieds et largeur un cart mointz de quatre pieds ou trois pieds et demy, en laquelle ledict sieur sera gravé vestu d'aube avec les parements de ladicte aube, un kasube, estolle et faignoiul avec l'aumuche de chanoine au bras gauche, la teste et maintz de marbre blanct et couronne sur la teste, avec ung baston pastoral, la teste de marbre blanc de mesme fasson que celuy qui est en une tombe de la petite chapelle de S. Augustin, avec l'armorie dudict sieur prieur et baston pastoral au travois, et l'écriture du nom et qualités tel qu'il plaira audict sieur bailler, pour toutes lesquelles chosses dessus dictes et pour fournir la pierre et pour la rendre toute preste et assise en telle place qu'il plaira audict sieur prieur, et pour ma paine ledict sieur m'a promis de me payer la somme de vingt escuz évalués à soixante livres et ung escu pour le vin, de laquelle somme ledict sieur m'a présentement payé la somme de vingt livres, laquelle tombe moy dit Brière prometz audit sieur prieur et m'en oblige envers lui de la rendre preste et assise et mise en place dedans le jour de Pasques prochainement venant. En tes moint de quoy je signe la présente en présence de M. Anthoine le Forestier prestre Nicollas Desportes et Nicolas Forestier. Fait le 17ᵉ jour de décembre mil cinq cent quatre-vingt dix-sept. — Thomas Brière.

IV.

Notre recueil contient quatre cent soixante-dix tombes, mais un assez grand nombre recouvrent plusieurs personnes. Au point de vue des conditions sociales, elles se partagent ainsi :

Evêques de Châlons....................	24
Abbés.	5
Chanoines de la cathédrale ou de Notre-Dame.....................................	127
Prêtres.............................	28
Personnages nobles........................	83

Magistrats locaux.....................	19
Bourgeois............................	88
Etrangers...........................	9
Marchands..........................	40
Laboureurs..........................	4
Médecins............................	2
Chirurgien...........................	1
Arpenteur-juré.......................	1
Sergents et valets de ville.............	3
Femmes nobles ou bourgeoises.........	58

On voit par ce tableau que l'inhumation dans les églises était loin d'être un privilège de la noblesse. Mais nous constaterons, d'après une note de Gaignières, que les nobles de Châlons se firent enterrer de préférence dans la chapelle ou le cloître des Jacobins.

Les bourgeois d'abord s'intitulèrent souvent bourgeois-marchands, et l'on voit la qualification de noble accolée très souvent aux noms des premiers, parfois même à ceux de simples marchands. Tous, dès le XVIe siècle, prennent des armoiries, et l'on remarquera que fréquemment des épées croisées en sautoir y figurent; allusion probable à la présence de membres de ces familles dans la compagnie de l'Arbalète, qui, dès le XIVe siècle, eut, comme on sait, une grande importance à Châlons.

V.

Nous avons trouvé aux archives de la Marne, fond de l'abbaye de Saint-Memmie, 38° carton, 4° liasse, la note suivante :

La grande pierre qui est au-devant de l'hostel et qui va soubs le marche pié dudit hostel où est écrit sur le milieu : Hic jacet venerabilis pater frater Nicolas Guio, a esté mise au cimetière à 4 grands pas au-devant de la chapelle s. Menge, tout devant la vue qui va sur l'hostel de la dite chapelle.

La grande pierre qui est au costé de celle dont nous venons de parler du costé du vestiaire où est écrit : « Cy gist Aledon la Blanche jadis femme de feu Jean Dumen » a été mise au cloître du costé qui joint le cimetière tout dessous le crucifix qui est dedans le cloître.

La grande pierre qui est à costé du grand hostel par ou l'on va du c[ho]eur au couvent où est escrit : « Cy git Nicolas Estellins qui trespassa l'an 1258 » a esté mise dans le cloître du costé qui joint le cimetière joignant la précédente allant vers la porte dudit cloître.

La petite pierre de marbre uni près la porte où on va du c[ho]eur au couvent ou est escrit : « Cy git vénérable religieux messire Nicole Valeten » a esté prise sur le cimetière environ sep pas du puis S. Menge allant tout droit vers la porte du couvent.

La grande pierre qui est entre l'Aigle et le Chandelier où est escrit : Hic jacet Dominus Johannes Jehot de *Tenye* o » a esté pris devant l'huis du sacraire et sur la mesme fosse a esté enterré frère Nicol Petit, prieur claustral qui feut enterré environ la Toutz Sains 1615. Fait à la présence de J. Lestrillart, vicaire et F. Duchesne prieur, ce 22 Août 1617.

Il est utile de noter les emplacements où furent, d'après la tradition, ensevelis nos anciens évêques.

SS. Memmie, Donatien et Domitien étaient dans l'église de Saint-Memmie.

SS. Elaphe et Lumier, dans le chœur de Saint-Jean, en un caveau où l'on descendait par plusieurs marches, avant sa destruction en 1791.

S. Alpin, église de ce nom.

Gibouin, cathédrale, au milieu du chœur.

Roger Ier, à Saint-Pierre.

Roger II, aux Innocents, chœur.

Roger III, au milieu de la nef de la cathédrale, devant la chaire.

Geoffroy Ier, à la cathédrale, contre l'aigle du chœur.

Boson, Pierre de Hans, cathédrale, chœur.

Arnoul II, Remi, cathédrale, devant le maître-autel.

Pierre de Latilly, cathédrale, chapelle des Sybilles.

Conon de Vitry, cathédrale, à côté de la précédente, place choisie par lui dans son testament.

Archambaud, cathédrale, au bout des stalles, près l'image de Saint-Etienne.

Jean de Sarrebruck, cathédrale, devant le trône épiscopal.

Guillaume le Turc, cathédrale, près le grand aigle.

Geoffroy Soreau, cathédrale, entre les stalles et l'image de saint Etienne.

Gilles de Luxembourg, cathédrale, à côté du précédent.

Jérôme Bourgeois, à Saint-Pierre-au-Mont, chapelle de gauche.

Nicolas Clausse, cathédrale, au milieu du chœur.

Cosme Clausse, cathédrale, sous le grand portail.

Il y a cinq autres tombes épiscopales non connues, trois devant le maître-autel, les autres dans le chœur, sur l'une l'on lit : ..... *Mortuus..... atque..... hic jacet..... in Cathalauno..... nec prudens atque patronus.... nerat hanc.... pla... Martis det Deus hinc partes dextra...* (1)

---

(1) Je dois prévenir le lecteur que les incorrections assez nombreuses, dans le texte des inscriptions qui suivent, proviennent, pour la plupart, de la négligence des épitaphiers du xviie siècle.

1.   **480**

Saint Alpin fut enseveli dans l'église qui porte son nom et qui précédemment était sous le vocable de saint André, au milieu de la nef. Au siècle dernier, on voyait auprès du caveau du saint une pierre blanche, représentant un évêque et portant cette inscription :

Cy posa messire sainct Alpinus qui fut évesque de Chaalons par l'espace de XLVII ans et trespassa l'an de grâce nostre Seigneur quatre cens et IIIIxx le septième jour du mois de septembre.

Alpin mourut à Baye : il fut d'abord enterré dans l'église de Saint-Pierre et transporté en 860 en l'église Saint-André, alors hors des murs de Châlons.

2.   **584* (1)**

Le sépulcre de saint Elaphe, frère de saint Lumier.

Autour d'une tombe en pierre blanche, représentant un évêque en vêtements pontificaux, la tête entourée d'une auréole : on ne distingue plus que ces lettres :

... DE CHAA.... T : FRERE : SEINTi LIE... M... ER...

C'est-à-dire : *Cy posa le corps de saint Elaphe évesque de Chaalons, et frère de seint Lieumier.*

La fosse de saint Lumier est également à Saint-Jean. Les deux fosses furent comblées en 1793 : les statues du XVIe s. qui les surmontaient sont conservées dans la

(1) Nous marquons d'un astérisque les dalles qui existent encore en tout ou en partie.

sacristie. De nos autres anciens évêques : saint Memmie est dans l'église de ce nom, dalle noire avec effigie d'évêque, sans inscription, du xiie siècle. — Saint Donatien, au même lieu : dalle blanche : *Sepultura S. Donatieni, successoris beati Memmii, primi episcopi Cathalaunensis.* — S. Domitien, de même : dalle blanche : *Sepultura beati Domitiani Catalaunensis episcopi tertii quem Deus precibus beati Memmii a mortuis suscitavit.*

Le corps de saint Elaphe fut transféré à Saint-Pierre-au-Mont en 1173.

Evêque de 579 à 587 : mort en Espagne où il avait été envoyé pour les affaires de Brunehaut. (A Saint-Jean).

3. 998

Hic jacet Gibuinus bonus eps.

Sur une petite tombe blanche, près de l'aigle, au milieu du chœur, à la cathédrale. — (Gaignières).

Petit fils de Hugues, comte de Dijon, évêque de 947 à 998 : son neveu, nommé de même, lui succéda.

4. 1042

Sub hoc altare jacet dominus Rotgerus Catalaunensis episcopus qui hujus ecclesiae fuit fundator vel reparator.

Roger Ier avait été enseveli à Saint-Pierre sous l'autel, au côté droit du pupitre ; l'inscription ci-dessus était encastrée dans la muraille au-dessus dudit autel. C'est Roger Ier qui rétablit l'abbaye et obtint en 1028 une charte du roi Robert, confirmative de ses biens. Evêque de 1008 à 1042 : cependant les auteurs varient sur cette dernière date.

5.   **1065**

Cy gist M° Rogiers XLV° évesque de Chaalons, second de ce nom, filz de Helnant conte de Namur et de Richilde contesse de Haynault, l'an MXLII et de son pontificat III° fonda de son acquist l'église de céans et y colloca le corps saint Ludmier et décéda le 26 janvier 106...

Cette tombe faite en 1553 était au milieu du chœur de l'abbaye de Toussaint. L'évêque crossé et mitré est sous un riche portique ; on lit sur l'archivolte : *Deus in nomine tuo salvum me fac et in virtute tua judica me.* Au-dessus, deux anges tiennent les armes de l'évêché ; au quatre coins les symboles des évangélistes. Roger II, par son testament (*Gall. Christ.* instr. col 154), désignait sa sépulture à Toussaint.

Roger II, succéda à Roger Ier. — (Gaignières).

6.   **1093**

Hic jacet Rogerius tercius episcopus qui obiit anno domini M° IIIIxx XIII.

Petite pierre de 1 p. de large sur deux de long au milieu de la nef, à la cathédrale, au droit de la chaire.

Roger III, fils d'Hermand de Thuringe, chancelier du roi, succéda à Roger II : mort le 26 décembre : fondateur de l'abbaye de Toussaint.

7.   **1142**

Gaufridus (ou Joffridus) episcopus.

Chœur de la cathédrale entre l'aigle et la statue de saint Etienne, au-dessus et contre la tombe de Nicolas Clausse.

Geoffroy Ier, dit Col de Cerf, abbé de S. Médard de Soissons, mort le 28 mai 1142, institué en 1131.

8.   **1161**

Boso eps.

Sur une pierre longue, au milieu du chœur de la cathédrale, devant le pupitre, entre les deux aigles. — (Gaignières).

Evêque de 1153 à mars 1161. On croit qu'il fut auparavant chanoine de Châlons : on trouve à cette époque souvent dans les chartes épiscopales : « Magister Bovo canonicus. »

9.   .....

Hic jacet Aelidis viveas fuit haec pia fidis.

Religieuse représentée avec guimpe et voile, les bras sous un manteau ; une corde autour de la taille. L'inscription serpente sur un arc trilobé.

Evidemment Aelis, qui fonda, sous l'épiscopat de Boson, (1161-1189) le couvent des Bénédictines de Vinetz près Châlons. — Cathédrale.

10. 1223

Cy Gist René chapelain de céans fils de Jacquier...... et dame Flore femme audit Jacquier qui fondèrent ceste chapelle de St-Laurent, lequel René trespassa en l'an de grâce M.CC.XXIII. Priez Dieu por lor âmes.

Les figures sont gravées dessus ; du côté de l'épitre, vers la chapelle St-Nicolas, à St-Alpin.

11. 1228

Cy Gist Thomas de Silleri, chan. et trésaurier de l'egle. de céans et fonda de son patrim. deux chapellenies en ceste chapelle de St-Jehan et plusieurs biens fist en ceste egle. et trespassa l'an M.CC.XXVIII. Priez Dieu pour luy.

Cathédrale. — Vers la porte de la grande sacristie, du côté de la porte du clocher. — Sillery, canton de Verzy.

12. 1247

La tombe de Geoffroi II de Grandpré, évêque de Châlons, était à la cathédrale, à la porte du chœur, en dehors. Il était représenté les mains jointes et gantées, la tête sur un coussin.

Point d'inscription. — (Gaignières.)

Son élection fut contestée par le chapitre et il fallut l'intervention de la cour de Rome en 1241 pour y mettre fin. Il assista à la fameuse exécution des Manichéens au Mont-Aimé. Mort le 11 mai.

13.   **1247 ?**

Hic jacet Paganus qui fuit decanus hujus ecclie, cujus anima requiescat in pace.

Grande pierre, vers la porte de la grande sacristie. — Cathédrale.

On trouve un P... doyen en 1223, 1227 : puis un autre P..., doyen, en 1239, 1255. Guillaume de Paris ensuite en 1264.

14.   **1252**

Cy Gist Monseigneur Gobert de Rouvroy ch. de Ch. qui trespassa l'an M.CC et lii le XI jan...

Cathédrale. — Petite pierre vers la chapelle de Ste-Catherine.

Rouvroy, village du canton de Ville-sur-Tourbe.

15.   **1254**

Ci gist Marguerite deles son mari, humle de cœur, et charitable aux povres à la vie à la mort. Elle trespassa M.CC.liii, la vigile de St-Nicholas. Priez que Dieu la soille am.

Gaignières. — Au milieu du chapitre des Cordeliers. Dame sous une arcade trilobée, marchant à gauche et tenant une petite église.

Elle était femme de Michel le Papelard. (voyez l'article suivant).

16.   1258

Ci gist Michies li Papelarz delos sa femme ; de leurs biens fu faite la chapelle, li dortoirs, les anfermeries, la cuisine. Il trespassa en l'an M.CC.lviii, 1er jour de septembre. Priez que Dieu les asoille, amen.

Gaignières. — Dans le chapitre des Cordeliers, au milieu à gauche. — Personnage en grand manteau dans une arcade trilobée, les pieds sur un lion, tenant une église à la main.

Michel Papelard fut un des bienfaiteurs du couvent des Cordeliers en 1251. Les Cordeliers avaient été appelés à Châlons en 1222 par l'évêque Guillaume du Perche. Cette dalle est actuellement à la cathédrale.

17.   1261

Ci gist mesires Pieres dou Fraine, chevaliers, Dex an ait l'âme qui passa en l'an mil CC.lxi, landemain.... le douziesme jor de marz. Priez pour luy.

Gaignières. — A la grande porte de St-Memmie. Personnage en habit religieux, les mains jointes, les pieds posés sur un chien. De chaque côté de la tête un écu portant une fasce et un chef endenché.

Le Fresne, canton de Marson.

18.   1261 ?

Ci gist messires Simous dou Fraine qui trespassa l'an d[e grace..... VII jours après.... ant. Pries pour l'âme de luy.

Gaignières. — A la petite porte en entrant à S¹-Memmie. — Chevalier, les mains jointes, vêtu de la cote de mailles et du surcot, à sa droite une lance ; sur son genou gauche et de chaque côté de sa tête un écu semblable au précédent, mais brisé d'une cotice en bande.

19.   1261*

Ci gist Domeinge de Marçon qui trespassa en l'an de l'Incarnacion de notre Seigneur M.CC.lxi, le sequont jeudi..... pries pour l'âme de li que Dex l'asoille.

Longue pierre blanche représentant, sous une arcade ogivale, un personnage, les pieds posés sur un animal fantastique.

S¹-Jean. — Marson (Marne).

20.   1261*

Ci gist Jehan Leduc qui trespassa l'an de grâce M.CC.l.xi, le jour de Saint Jehan priiez pour lui.

Ci gist Merguerite Quiri fame Jehan Leduc qui trespassa l'an M.CC.XXXVIII, le mescredi après l'octaves S. Pierre et S. Paul.

Cathédrale. — Effigie des défunts, deux chiens à leurs pieds, sous une arcade ogivale double, très-richement ornée.

21.   1261

Discat qui nescit, quod Petrus ibi requiescit
Ilic sublimatus ad honorem pontificatus;
Magnanimus, largus, circonspectus ut Argus
Facundus verbis, pius, imis lima superbis
Ad dominum clama, quis quis legis hoc epi-
                                         [gramma
Vivat in Rama ! qui vivit nunc quoque fama.

(*Gall. Christ.*) — Tombe en cuivre, avec effigie, au milieu du chœur de la cathédrale, tenant par derrière à l'image de saint Etienne.

Pierre de Hans, évêque de 1247 à décembre 1264.

22.   1262

Ci gist Agnes de Toies qui fu seconde fame Nichole de Sarrey, qui trespassa en l'an de grâce M.CC.lx. II le jor des octaves de la paricion. Priez pour li.

Gaignières. — Femme sous une arcade, les pieds posés sur un chien. — Eglise des Jacobins, au travers de la grande porte, à l'extérieur.

Sarry, village aux portes de Châlons.

23.   1264

Ci gist Tomas de Roy.. meis... c............
.... nostre Seigneur mil CC.lxIIII ou mois et feurier. Priez pour luy que Dex li....

Gaignières. — Personnage vêtu d'une langue robe, les mains jointes, les pieds posés sur un chien ; il est placé sous une arcade portée par deux colonnettes ; en haut, à gauche et à droite, un écu effacé portant un lion couronné (?) — Au milieu de la nef de l'abbaye de Toussaint.

24. 1266

Hic jacet Everardus Cathalaun. qui fuit succentor hujus eccle, cujus animae Deus propitietur.

Grande pierre vers la porte de la grande sacristie de la cathédrale.

25. 1271

Ci gist Jehans li Appareilliez qui trespassa en l'an de l'Incarnation nostre Seigneur M. et CC. et LX et XI en mois de décembre. Priez pour lui.

Gaignières. — Personnage sous une arcade, un chien sous chaque pied. — Eglise des Jacobins, devant la chapelle du Rosaire.

26. 1272*

Ci gist maitres Ravous de Berverci qui trespassa en l'an de grâce M.II.C et LX et XII en mois de Joing. Priez pour s. asme.

Breuvery, canton d'Ecury. — Saint-Alpin.

27. **1273 (?)**

Hoc jacet in tumulo Guillermus Parisiensis
Fructibus ecclesie speculum fuit at que decanus
Vixit hic egregie, larga fuitque manus
Confessor gratus, sapiens fuitque atque
Sit cœlo dignus spiritus inde datus
Cœlestis christe requies sit datus iste.

Tombe avec effigie vers la porte du parvis; cathédrale.
Guillaume de Paris paraît comme doyen du chapitre en 1261, 1272.

28. **1273**

Anno dominico bis centeno; duodeno
Sex vicibus posito, post haec semel 1. repetito
Mitis atque humilis quondam de Los oriundus
Et comitis proles, quem velat cuprea moles,
Moribus ornatus Calalauni pontificatus
Est gubernator, commissae plebis amator.
Arnold discessit, cui Christus vera quies sit
Et prece materna levet hunc ad regna superna.

Gall. Christ. — A la cathédrale, à droite du grand autel, sous la lampe.

Arnoul de Loss avait été prévot de l'église de Cologne; élu en 1272, il mourut le 30 juillet de l'année suivante.

29.   **1278**

Cy gist Ysabiaus qui fu femme Nicole Doufraine et trespassa en l'an de grâce M.CC.LXXVIII, le mardi après la Madeleine, priez pour li.

Notre-Dame. Sous une arcature trilobée, femme en chaperon, les pieds sur un chien : deux anges encensant au-dessus.

30.   **1279**

Ci gist mesires Hues vidame de Chaalons qui trespassa l'an de grâce M.CC.lx et XIX le jour de la conversion saint Pol. Priez pour lui que Diex li face pardon.

Gaignières. — Chevalier armé, les pieds posés sur un lion ; de la main droite il tient une lance, de la gauche un écu portant trois pals de vair et un chef à deux léopards affrontés. — Abbaye de Toussaint, dans le sanctuaire à gauche du maître autel.

Hugues III de Bazoches : il fit bâtir en 1266 l'hôtel du Vidamé.

31.   **1280**

Cy gist.......... de Villeneuve, archidiacre de Vertu qui trespassa en l'an de grâce M.CC.LXXX le XVIIIe jour de mars. Priez pour luy.

Dans la nef de la cathédrale près de la porte du chœur, grande tombe de pierre. — A St-Alpin.

32. **1280 ?**

Ci gist Jacquiers Li Ties qui trespassa 11 jours après l'ame moult m...... teil comes etes, teil fumes nos, teil comes soumes teil ceres vos, por amour Deu priés por nos si aies merci de vos.

St-Alpin. — Jacques Li Tois, échevin en 1263. La tête et le haut de l'inscription ont été coupés

33. **1281***

Ci gist Thierries de Machau qui trespassa en l'an de grâce M.CC.LXXXI en mois de j........ .... mme Tierri de Machau qui fu morte l'an de l'incarnation nostre Signor M.CC.LXXXI. Priez pour li.

Cathédrale. — Représentation des deux époux sous des baies ogivales. — Machault, chef-lieu de canton des Ardennes.

34. **1281***

[Ci gist maistre Pi]eres Li Pines qui fut curez de saienz (céans ?) qui trepassa en l'an de grâce M.CC. et IIIIxx et I en mois de mai. Priez pour lii.

Saint-Alpin. — Prêtre représenté tenant un calice.

35. **1284**

De Summa natus Turba jacet hic tumulatus
   Proesul Remigius, huic, Deus esto pius
Anno milleno centum bis et octuageno

Quarto verba dedit memorans in nocte migravit
Luca. Solamen det sibi Christus. Amen.

Gall. Christ. — Cathédrale, tombe en cuivre, près du grand autel.

Remi de Somme-Tourbe, élu en 1275, mort le 19 octobre 1284.

36.   1287*

Ci : gist : dame : Eu : . . . : qui : fu : fame : Jehan : Noel : le : vil : et ; sueur : Mon : Signeur : Perron : le : Saine : abei : de Toussain : en lisle : qui : trespassa : en : l'an : de : grâce : M : CC : LXXX : et VII : la vigile : de : feste : de : saint : Vincent : pries por li :

Notre-Dame. Sous une riche arcature à fronton avec pinacles, chiens en gargouille, femme en robe, chaperon à mentonnière, les pieds sur deux chiens. (1)

37.   1287*

Ci gist messire Raus chapelains...............
.... de saint Loren li quels Rous trespassa en l'an de grâce M. et CC.IIIIxx et VII.

Cathédrale. — Effigies de 3 personnages sous deux baies ogivales avec riches décorations. Un prêtre n'ayant qu'une couronne de cheveux, tenant un calice, les pieds sur un cheval. — Un jeune homme et une jeune fille ensemble, les pieds sur un lion.

---

(1) Très-mutilée : cette description est prise d'après l'estampage anciennement fait par M. Barbat.

38. **1287**

Ci gist Bovoque Espinel marchans de Florence qui trespassa l'an de grâce M.II.C.IIIIxx et VII. le vegiles Nostre Dame an cetambre. Priez pour lui.

Gaignières. — Personnage sous une arcade trilobée, les pieds sur un lion ; au-dessus et de chaque côté de sa tête, un écu chargé d'une hure. — Eglise des Cordeliers, dans le chœur, devant la porte de la sacristie.

39. **1290***

Ci gist sires Estienes Chaufers qui trespassa l'an de grâce mil et CC. et IIIIxx et X. Vigile de la Sainte-Croix en septembre. Proies pour lui que Diex l'asoille pour l'amour.

Gaignières. — Deux arcades sans rien dessous. A droite dans le chœur des Jacobins.

On trouve Aubry dit Chauffers, procureur des échevins de Châlons en 1263.

A la cathédrale actuellement.

40. **1291**

Ci gist Guillaume Alixandres bourjois de Miaus qui fu bailli de Chaalons, qui trespassa en l'an de grâce M.CC.IIIIvx et XI, landemain de l'aparition. Priez pour lui que Diex la soille. Amen.

Gaignières. — Personnage sous une arcade, les pieds posés sur un lion, une bague au petit doigt de la main droite. De chaque côté de sa tête un écu effacé. — Cordeliers, au fond du chapitre, à droite.

41.   1294*

[Cy gist] messire Jacquier de Sans qui trespassa l'an [M. C] C [IIIIxx] XIV . . . . . [Saint] Martin de novembre. Diex l'assoille. Cy gist Anne qui fu femme Jacquier de Sans et trespassa l'an M.CC.XIIIXX et XIIII le lundi après la Saint-Jehan.

Deux personnages sous des arcades : l'homme les pieds posés sur un chien ; la femme coiffée du chaperon ; au-dessus dans deux petites arcatures, deux enfants priant. Notre-Dame.

42.   1295*

Ci gist Simons Maufais qui trespassa en l'an de grâce M.CC.IIIIxx et XV le jour de Pâques. Priez pour l'asme de lui que Diex l'asoille. Amen.

St-Alpin. Représentation du défunt, très effacée.

43.   1295

Ci gist Diorée qui fu famme maistre Nicole Laupatris, qui trespassa l'an M.CC.IIIIxxXII le mardi devant l'ascension, priez pour li.

Ci gist maitre Nicoles Laupatriz, clerc, qui trespassa en l'an de grâce M.CC.IIIIxxXV le samedi après les octaves de la Chandeleur en mois de febvrier. Pries pour li.

Gaignères. — Homme et femme sous deux arcades : en haut deux anges reçoivent leurs âmes. Jacobins, dans la nef, vis-à-vis la chapelle N.-D. de Bonne-Nouvelle.

44.   1296*

Ci gist : Tieris : de : Tilloi : mari : de : Marguerite : qui : trespassa : en : l'an : de : grâce : M : CC : IIIIxx et XIX : le........

Deux arcatures ogivales trilobées avec anges encensant dans le pinacle : à droite, un homme nu-tête, les mains jointes. L'autre arcature est demeurée vide. — Saint-Jean.

45.   1296*

Ci gist dame Catelinne qui fu fame sire Jehan Chaufer qui trespassa en l'an de grâce M.CC.IIIIxx et XVII, le vendredi après la feste Saint-Denise. Priez pour li.

Cathédrale.

46.   1297*

Ci gist Mes Hue de Sommevelle, chanoines de ceans, chastelain de Vitry qui trespassa l'an de grâce M.CC.IIIIxxXVII le jeudy avant la St-Pierres au mois de joins. Priez pour luy.

Effigie du défunt et écu chargé de deux rateaux l'un sur l'autre. Cathédrale, dans la nef, du côté de l'Evangile, vers le troisième pilier.

47.   1299 (1)*

...... Lisaines qui trespassa l'an de grâce M.CC.IIIIXX et XIX le jour de feste Saint-Remi et Saint-Ylaires. Priez pour lui que Diez l'assoille.

Perrin Le Sayne, abbé de Toussaint, (voir la tombe de sa sœur, 1287). Sous une riche arcature trilobée, personnage nu-tête, en chape, la crosse posée dans le bras gauche. Notre-Dame. — Le *Gallia Christiana* donne cette inscription inexactement. Il y est nommé Pierre Eistres, abbé en 1292.

48.   ....*

Ci gist : sire Jaquier : Lisaines : et : Jeveline : sa : fille : qui : feu : fame : Henri Noisette : priez : pour : eux.

Arcature trilobée sans ornement ; les deux personnages figurés. — Notre-Dame.

49.   ....*

Hic jacet Guillermus . . . .

Deux personnages en pied, l'un prêtre, l'autre sous-diacre : à leurs pieds des animaux fantastiques. Cathédrale.

---

(1) Nous trouvons dans nos notes que Aubert de Sommièvre, chevalier, mari de Barbe de Verzin, fut enterré aux Cordeliers, où il fonda en 1299, avec son frère Louis, la chapelle Sainte-Barbe, en rentrant de Terre-Sainte.

50.   ....*

Ci gisent sires Jehan de Dommartin et dame H...
sa femme qui furent especial ami et bienfaitor des
Frères Preschcors. Priez por eux.

Saint-Alpin. — Personnages figurés. — Le couvent des
Jacobins fut fondé en 1220 à la demande de l'évêque Guillaume du Perche.

51.   ....

Munus paradys, gloria fiat. . . . . .

Deux religieux en capuchon sous deux arcades ogivales
trilobées : deux anges les encensent. — Cathédrale.

52.   12..*

Ici gist de soz ceste lame Thiebauz Rupez dont
Dex ait lame si tesmoigne on vraiement qu'il sot
bien son definiment qart iour d.... v cest veritez
prions por li siert charitez.

Cavalier, en costume de chasse à collet rabattu avec
surcot sans manches, calotte sans ornements ; mains
gantées : sur l'une un faucon décapuchonné ; de l'autre
il tient la bride, une petite coupe pour donner à
manger au faucon et le bâton de vènerie. L'animal
va à l'amble ; derrière un chêne, deux chiens accroupis :
le tout sous une arcade trilobée ; au dessus deux anges
encensant.

Eglise St-Memmie à Châlons.

53. Vers 1266

... Hic de Soysiaco Symon jacet archidiaconus de Virtuto sensu consultus acuto, semper in ecclesia residens in theologia sedulus auditor verbique dei repetitor, juris patronus subjectis parcere pronus, unde perennis ei deus esse dator, requies.

Cathédrale. — L'obituaire mentionne au 18 novembre la mort de Simon de Soisy, archidiacre, qui légua 60 sols de cens pour son obit. xiiie siècle.

54. 1300 ?

Ci gist maistre Aubers de Mostierender jadis chanoines de Nre-Dame en Vaux qui............
...... [Priez pour] li que Dex li soit misericors et debonnaires.

Montierender (Haute-Marne). — Cathédrale.

55. 1300

† Ci gist madame Ade de Hans qui fu dame de Vitri-la-Ville et fame men signour Hanri de Clarsi qui trespassa l'an M.CCC. le mercredi devant feste Notre Dame de septembre. Priez Dieu pour li.

Gaignières. — Sous un fronton, Ade est représentée chaque pied posé sur un chien. Quatre écussons alternés : deux sont échiquetés à trois pals et un chef; deux aux armes de Grandpré-Hans. — Eglise des Cordeliers, en haut du chœur, près de la muraille, à gauche.

Le ms. s. f. 5024¹² n° 114⁶ mentionne : Ci gist madᵉ Ade de Hans fême de noble home messire......
...... chevalier.... .....

Nous n'avons pas la date de la mort du mari de Ade, dont la sépulture, selon Gaignières, était au même lieu :

56.

✝ Ci gist nobles homs messires Henris de Clarsi chevaliers jadis sires de Vitry-la-Ville qui trespassa .... après les octaves de la saint Jehan priez à Dieu pour li qui li face merci.

Chevalier, les pieds posés sur un lion, sous un dais à trois frontons ; à son bras gauche un écu échiqueté à trois pals, au chef chargé d'une fleur de lys ; en haut, un écu aux mêmes armes qui sont répétées sur les épaulières.

57.   1300

Ci gist Paques qui fu fâme Robert Petit-Maire qui trespassa en l'an de grâce M.CCC le vendredi après la Toussaint. Priez p. li. ✝ Ci gist Robert li Petit-Maires qui trespassa en l'an de grâce M.CCC.II, le mardi devant la Pentecoste. Priez pour lui.

Gaignières. — Un homme et une femme, chacun sous une arcade ; la femme a les pieds posés sur un chien. — Eglise des Jacobins, sous la lampe, dans le chœur.

En 1268, Robert Petit-Maire était procureur des échevins et bourgeois de Châlons.

58.   **130.**

Hic jacet mag. Guill. de Prato Gilberti pbr. canon. huj⁸ ecclae qui obiit ann. dni M.CCC....X die februarii. Orate pro eo ut aa ejus requiescat in pace.

Autour d'une pierre représentant le défunt. — Dans la nef de la cathédrale, devant l'autel de la Vierge.

59.   **1302**

Ci gist messires Prumiers confenonier de Pla-sance chanoines de Chaalons qui tresp. en l'an de grâce M.CCC et II au mois de novembre. Priez...

Cathédrale. — Dans le bas côté de l'épître vers le 2⁰ pilier du chœur.

60.   **1303***

.... qui obiit die martii ante purifica-tionem beatæ Mariæ virginis anno domini mille-simo trecentesimo tertio, cujus anima requiescat in pace, amen.

Tombe de chanoine à la cathédrale. Il est représenté en costume, les pieds posés sur un griffon ; riche orne-mentation avec anges, ogives, etc.

61.   **1303**

Ci gist madame Jehanne qui fu dame de Momron *(sic)* et de St-Lambert qui trespassa l'an de grâce

M.CCC et III, le mercredi après la Toussaint, priez pour li que bone merci li face.

Gaignières. — Dame sous une arcade : de chaque côté du fronton, à droite, écu burelé à un lambel à 5 pendants ; à gauche 5 annelets, 2, 1, 2. — Eglise des Jacobins, chapelle de la Vierge.

St-Lambert, paroisse des Ardennes.— Gui de Châtillon fils de Gaucher, comte de Porcien, connétable de France eut en partage, en 1324, la terre de Fère-en-Tardenois, Saint-Lambert, etc.

62. 1303

Hic jacet maj. Joannes de Vaillaco, quondam archid. major ecclesie qui obiit anno.....

Cath. — Vailly (Aisne). Les archives du chapitre placent sa mort à l'année 1303.

63. 1303*

Ci gist messires Guillaume de Dainville qui fut chantres en l'église de céans et trespassa l'an M.CCC. et III le jour de Pasques. Priez pour luy.

Dans la galerie, du côté de l'épitre, vers la porte du chœur souterrain, cathédrale.

Effigie du défunt en sous-diacre, tenant un bâton cantoral terminé par une figurine, sous une arcade trilobée. Deux chiens jouant à ses pieds.

Dainville, canton de Gondrecourt (Meuse).

64.   1304.

Succent r quondam hujus ecclesiæ qui obiit anno domini millesimo CCC quarto, decimo die sabbati port festum beati Dyonisii martyris. cujus
. . . .

A la cathédrale. — Représenté en sous-diacre sous une arcade.

65.   1304

Ci gist maistre Jehan de St Triam (?) jadis chanoines de ceste egle qui tresp. l'an de grâce M.CCC. IIII, le XVIII jour du mois d'aoust, priez Dieu....
. . . .

Dans le bas-côté de l'épitre vers la porte du chœur à la cathérale.

66.   1307

Hic jacet Guillelmus de Hans succentor hujus ecclesie qui obiit anno domini M.CCC. .. die..... orate.

Hic jacet Simon decanus hujus ecclesie, dicti Guillelmi frater qui obiit anno dni M.CCC.VII, II kalend. februar, orat................

Grande tombe de pierre contre la porte du grand clocher ; cathédrale.

67. 1307

Ci gist Marie fame jadis Girart le Saine qui trespassa le jour de la Saint Estene au mois d'aoust l'an M.CCC.XL IX. Priez que Dieu ait l'âme de li, amen. Ci gist nobles hôms Girart Li Sayne escuiers jadis seigneur de Lestrées qui trespassa en l'an de grâce mil CCC VII le XVI° jour du mois de may. Priez Dieu pour l'âme de li.

Gaignières. — Deux personnages sous une arcade ; les pieds posés sur des chiens. De chaque côté de la tête de l'homme un écu portant deux épées en sautoir, les pointes en bas et une bordure. A droite de la tête de la femme partie de l'écu précédent et d'un sautoir échiqueté ; à gauche le second écu. Eglise des Jacobins, à droite, dans le chapitre.

On trouve en 1263 comme procureur des échevins de Châlons Jacquier Li Sayne.

68. 1308

† Ci gist madame Marguerite dame de Chaplaines qui trespassa l'an de grâce M.CCC. et VIII, le mercredi devant mi quaresme. Priez pour li.

Gaignières. — Figure sous une arcade dont le fronton est accosté de deux anges encensant ; Marguerite porte un manteau doublé de vair et a les pieds posés sur un chien. A droite de sa tête, écu à une bande ; à gauche, écu à bordure ; à la hauteur du coude droit, parti d'une bande et d'un lion ; de son coude gauche, parti de la bordure et d'un lion ; plus bas, à droite et à gauche, écu au lion couronné.

Eglise des Jacobins, dans le chœur à gauche, le long des chaires.

Chapelaine, près Vertus (Marne).

69.   1308

C. g. M^{res} Nivers demi chanoines qui tresp. en l'an de grâce M.CCC.VIII en novembre. Priez pour luy que Dieu ly face bonne mercy.

Cathédrale, contre le 1er pilier du chœur du côté de l'épître.

70.   1309

Hic jacet magister Guillermus Amanenensis de Mota (?) quondam canonicus hujus Cathalaunen ecclesie ac archidiaconus Joinville qui obiit anno dni M.CCC. ix die XVII mens: junii. Orate pro eo.

Gaignières. — Prêtre, les pieds sur un dragon, la tête sur un coussin, tenant un livre. De chaque côté de la tête, un écu portant trois fasces. Le tout sous un dais très orné de dessins et de personnages. Dans le haut, Dieu reçoit l'âme du défunt. Cathédrale, dans une chapelle derrière le chœur.

71.   1311

Cy gist maistres Jacques Grifon, jadis chanoines et souchantres de ceste église qui tresp. l'an de grâce nostre Seigneur M.CCC.XI le .. jour du mois de febvrier. Priez Dieu pour luy qui li face mercy.

Dans la chapelle de l'*Ecce homo*, derrière le chœur ; grande tombe en marbre noir avec le personnage. — A la cathédrale.

72. 1311

Hic jacet mag. Joan. Boules canonicus cathalaun. qui obiit anno dni M.CCC.XI, 4ᵃ die post assumpt. beatæ Mariæ, cujus anima requiescat in pace.

Grande pierre avec le personnage, vers la porte de la grande sacristie. Cathédrale.

73. 1312

Ci gist messires Thoumas demi chanoines de l'église de céans qui tresp. en l'an de grâce M.CCC et XII le dimanche d'avril feste de saint Vinsant. Priez pour luy.

Cathédrale. Grande pierre avec personnage, près du 1ᵉʳ pilier du chœur du côté de l'épître.

74. 1312

Ci gist Jacquiers li Saines qui trespassa l'an M.CCC.XII le jour St-Michiel. Priez pour lui.

Ci gist Adelinne famme Jacquiers le Saine qui trespassa l'an M CCC et I le mercredi après la Saint-Mart. Priez pour li.

Gaignières. — Deux arcades sans rien dessous ; église des Jacobins, dans le chapitre à gauche près de la muraille.

Procureur des échevins en 1263.

75. **1313***

† Ici ci gist dame Eudeline fame Ransin de Chaubrant qui trespassa l'an de grâce M.CCC et XXVIII, le mescredi après la nostre Dame en m. aoust.

Ici gist Jehânete fille Ransin de Chaubrant, fame Robert de Auergini qui trespassa l'an de grâce M.CCC et XIII, le dimâge devant quaresme prenant.

Ci gist Marguerite jadis fille Ransin de Chaubrant qui trespassa l'an M.CCC.XXX.VIII, la vigile S. Grégoire. Priez pour li.

Gaignières.— A l'entrée du chapitre des Jacobins, aujourd'hui à la cathédrale.

Des Chaubrant figurent plusieurs fois comme échevins au xve siècle. — Virginy, canton de Ville-sur-Tourbe. C'est une des plus belles dalles de Châlons : elle représente les trois femmes : au centre priant ; en bas sous le drap mortuaire orné de médaillons aux aigles et lions analogues à ceux de la mitre de saint Malachie, conservée à la Cathédrale ; en haut entrant dans la gloire. Le tout encadré dans une merveilleuse ornementation. Voir *Annales archéol.*, tome III, p. 283.

76. **1313**

Gaignières donne le dessin du tombeau de Jean de Châteauvillain. Le prélat mitré, les deux mains gantées et croisées sur sa crosse, sous un dais composé de 3 frontons ; au-dessus du petit dais de droite un écu semé de billettes, au lion brochant ; sur celui de gauche une croix cantonnée de 4 fleurs de lys. A gauche un pilier garni de huit niches à deux personnages. Le pilier de droite manque. Cathédrale, dans le sanctuaire.

Jean de Châteauvillain, évêque de 1294 à avril 1313.

77.   1314

.... qui fu curé de Warei le Petit qui trespassa l'an de grace M.CCC et VIIII le witiesme jour..........

Grande dalle représentant un prêtre tenant un calice. Notre-Dame.

Vavray-le-Petit, arrondissement de Vitry.

78.   1315*

Ci gist Charles de Bar et Mile de Bar (?) qui trespassa en l'an de grace M.CCC et XV le jour de l'annonciation nostre Dame en mais. Priez pour luy que Dieu par miséricorde ait pitié et mercy de l'âme de luy.

Notre-Dame. — Personnage nu-tête et en robe, sous une arcade, les pieds sur un chien.

79.   1315

† Ci gist messires [Jehan de la Roch]es chanoines des églises Sainte Trinité et Nostre Dame en Vaux qui trespassa l'an M.CCC.XV le XVII jour de mai.

† **Maistres Tierris d'Ourconte chanoines de céans qui en sa vie fonda yci la première chapellerie perpétuel l'an MCCC et XV. Prions pour lui.**

Notre-Dame. Deux prêtres vêtus de dalmatique tenant chacun un livre, l'un a les pieds posés sur un dragon, l'autre sur un chien, sous une riche arcade. Tous deux donnèrent des biens à la collégiale.

Orconte, arrondissement de Vitry.

80. 1316

† **Ci gist dame Marguerite qui fu fame Jehan Noisette qui trespassa l'an de grace M.CCC..XIII le seseisme jour de mars. Priez pour li.**

† **Ci gist sires Jehan Noisette qui trespassa l'an de grace mil CCC.XVI le mardi après feste S. Marc évangéliste au mois d'avril pez p. li.**

Notre-Dame. L'homme a les pieds sur un dragon, la femme sur deux chiens se disputant un os. Il est vêtu d'une robe longue à capuchon; elle en robe serrée au poignets, avec ample manteau. Sous deux dais richement ornés avec 4 anges.

Jean Noisette fonda en 1304 la chapelle St-Nicolas à N.-D.; conseiller de ville. — Nicolas Noisette, lieutenant de ville en 1347. Jean Noisette fut lieutenant de ville en 1418 et Guillaume, prit part sous M. de Barbazan à la bataille de la Croisette près Châlons en 1422, puis au siège de Montereau. Ce nom ne reparaît plus dès la fin du XVe siècle.

81.   **1316**

† Ci gist Nicoles de Bergières escuiers qui trespassa en l'an de l'incarnation nostre Seigneur M.CCC et XVI au mois de mai le jeudi après la Trinité. Pries pour l'âme de li que Deux bone merci li fase.

Gaignières. — Personnage sous une arcade les pieds posés sur un chien; de chaque côté de sa tête un écu effacé. Eglise des Jacobins contre le mur à droite en entrant dans le chapitre.

Bergères, près Vertus (Marne).

82.   **1316**

Ci gist Ysabiaus qui fu fame Nicole de Souain et trespassa le mardi devant mi karesme au mois de mars.

[Ci gist Nicole] de Souain qui trespassa l'an de grâce mil CCC et XVI la vigile de la Pentecoste au mois de joint. Priez pour luy.

Cathédrale. Effigie des deux époux, le mari vêtu d'une robe à capuchon, un chien à ses pieds; la femme en robe trainante, sous deux ogives trilobées avec anges.

Souain, canton de Ville-sur-Tourbe.

83.   **1316**

Hic jacet magister Petrus de Auriliac de Aruernia diaconus, canonicus hujus ecclesie qui obiit an. dni M.CCC XVI, VII idus marcii, orate....

Saint-Alpin.

84.   **1319**

Hic jacet mag. Remigius de Receyo canonicus quondam hujus ecclie qui obiit anno dni M.CCCXIX die dominica post festum St Andrée apostoli. Orate pro animo ejus.

Le personnage est représenté ; vers la porte du chœur du côté de l'épître : cathédrale.

Recy, près Châlons.

85.   **1319**

Hic jacet dominus Johannes de Aceio quondam semi prebundatus Cathalaun. eccle, qui obiit an. dni M.CCC.XIX, XXVII mensis februarii. Orate pro eo.

Cathédrale. — Grande pierre avec personnage contre, le premier pilier du chœur, du côté de l'épître,

86.   **1320**

Hic tumulatus de Sto Memmio Petrus..........
.... sub petra Petrus est vermibus esca.....
.... sancte Domine clemens intende placatus. Obiit anno M.CCC.XX. Et de Sto Memmio Rodulphus cathalaun. dudum canonicus.............
missus........... ensis anno M.CCC.XXXI, simul in Christo tunc mundo decessit ab isto, respice corde pioque preceris.

Grande pierre à deux personnages ; écu portant un

sautoir cantonné de quatre molettes et une bordure engrêlée. — Cathédrale contre la porte du clocher dans le coin.

L'obituaire mentionne que Raoul légua au chapitre un cens annuel de 40ˢ sur une maison dans la grand'rue et 10ˢ sur des maisons neuves devant celle des vicaires, pour être distribué aux chanoines présents à son obit.

87.   **1321**

Robert de Courmissi trespassa l'an mil CCC.XXIV le lundi devant la Madeleine. Jehanne sa fême trespassa l'an M.CCC.XXI, le samedi après les Brandons. Priez pour eus.

Cette inscription, d'après M. Grignon, est gravée dans les colonnettes et l'arcade qui ornent la tombe de Ysabeaux du Fresne, voir 1278. — Notre-Dame.

Cormicy (Marne).

88.   **1321**

Ci gist mʳᵉ G. de Jalon chapelain perpétuel de ceste église qui trespassa en l'an de grace mil CCC.VXI le dernier jour de may. Priez pour l'ame de luy.

Saint-Alpin. — Jâlons (canton d'Ecury).

89.   **1321**

Hic jacet dns Pacificus de Castro Villano quondam canon. hujus ecclae qui obiit an. dni M.CCC.XXI, VI die mensis nov. orate pro eo.

Cathédrale, dans la nef entre le 4e et le 5e pilier du côté de l'évangile ; grande dalle, avec effigie.

Chateauvillain (Haute-Marne).

90.   1323

Hic jacet dominus Simon de Buciaco canonicus hujus ecclesie qui obiit anno domini M.CCC.XXIII, die XXII maii. Orate.

Saint-Alpin, devant l'autel Saint-Joseph.

L'obituaire, à cette date, mentionne qu'en reconnaissance de ses bienfaits, le chapitre a fait pour son obit une fondation de 8 l. de rente perpétuelle, savoir, 4 sur les maisons du chapitre sises « in Castelleto » et 4 sur la terre de Champagne acquise de Jean de Châtillon, seigneur de Dampierre.

Il y a dans la Marne quatre paroisses du nom de Bussy.

91.   1325

Ci gist Perressons de Courtisout qui trespassa l'an M.CCC.XXV, le samedi avant feste nostre Dame en mi aoust.

Ci gist Jannette sa fame qui trespassa l'an M.CCC.XLIX le vendredi après feste Saint Pierre et Saint Paul.

Ci gist Jansons et Pasquiers lor enfant qui trespassaires l'an desu dict le lundi devant la Madelaine. Priez pour eulx.

Double arcade ogivale : d'un côté le mari et un enfant; de l'autre la mère et un enfant. — Saint-Jean.

Courtisols (Marne).

92.   1327

Ci gist Agnes qui fut feme Jehan Le Picart clerc, vandeur de draps à détail laquelle trespassa l'an de grâce de nostre Seigneur M.CCC.XXV le jour de feste S. Pierre et S. Paul. Priez pour li.

Saint-Jean.

93.   1327

C. G. m^{re} Charles Gouvillot natif et prieur de .... qui trespassa le XXIII juillet MCCCXXVII. Pries Dieu.......

Cathédrale. Tombe en marbre noir vers le 4e pilier du côté de l'évangile ; aux quatre coins, écu portant un chevron accompagné d'un losange.

94.   1327

Hic jacet dns. Petrus de Latilly eps. Cathal. qui obiit ann dni M.CCC.XXVII.

Gaignières. — Cathédrale ; simple pierre en marbre noir au milieu de la chapelle des Sybilles, derrière le chœur.

Evêque de décembre 1313 à mars 1327 ; chancelier de France.

95.   1330

† Ci gist Ysabiaus qui fu famme maistre Hues le Grancler ; priez pour li.

✝ Ci gist Marie de Sooderin fille ladite Ysabiaus et trespassa l'an M.CCC et XXX le samedi devant la St Lou.

Gaignières. — Autour d'une pierre sans effigie ; église des Jacobins au fond du chœur à droite.

96.   1331

Ici gist Marguerite la Cervene iadis famme Jacquiers li Bourgeois et trespassa le mardi davant la St Martin lan mil CCC.XLIIII. Pries pour li que Dieu ait pitié et merci de son âme. Ci gist Jacquiers li Bourgeois jadis taincturiers de Chaalons qui trespassa l'an de grâce mil CCC.XXXI le mercredi apre feste St-Martin diver. Prie por same.

Représentés sous une arcade, avec deux anges encensant et deux emportant leurs âmes ; chiens à leurs pieds.
Aux Jacobins.

97.   1331

Hic jacet dominus Thomas de Sarceyo canonicus et cantor quondam hujus ecclesie qui obiit anno domini M.CCC.XXXI, die XXIV decembris. Orate pro eo ut anima ejus requiescat in pace. Amen.

Saint-Alpin. L'obituaire le qualifie sous-chantre et marque qu'il a donné à la fabrique 20 s. sur les petites maisons neuves contiguës à l'église.

98. 1332

Hic jacet ven. et disc. vir magister Nicolaus de Sparnaco sacrae et artis medicinae professor, canonicus hujus ecclesie, qui obiit anno dni M.CCC.XXXII.

Effigie très effacée, contre la porte du parvis, à Saint-Alpin.

99. 1333*

Ci gist maistres Jehans Daubenton chanoines de ceste église qui trespassa l'an de grace M.CCC.XXXIII, le XXI jour d'aost. Priez pour ly.

[Ci gist .... qui fut mère audit maistre Jehans Daubenton, chanoines de l'église de céans laquelle trespassa en l'an de grâce M.CCC et XI, le jour saint Souplice. Pries pour li.

Cathédrale. — Représentation des défunts l'un à côté de l'autre : la femme en costume religieux.

Aubenton (Aisne).

100. 1337*

Hic jacet magister Johannes .... qui obiit anno domini millesimo trecentesimo septimo trigesimo. . . . .

Cathédrale.— Représentation du défunt en sous-diacre, un lion à ses pieds, sous un riche portique.

101.   **1337***

Ci gist Michiels le Saynes qui trespassa le lundi après la nativitey Nostre Dame en septembre mil CCC.XXXVII. Priez pur l'âme de li.

Ci gist Marie jadis fème Michiels le Saynes qui trespassa en l'an de grace mil CCC.XLV, la vigile de la conversion S. Poul en genvier. Priez pour l'âme de li.

Cathédrale. — Effigie des deux personnages, 2 chiens à leurs pieds ; sous une arcade très richement ornée : en haut le Père éternel reçoit les deux défunts, entourés de huit anges tenant des chandeliers et des encensoirs ; dans les niches des contreforts de l'arcature, des religieuses priant et pleurant.

102.   **1337**

Hic jacet mag. dictus li Thioys, quondam canonicus huj. eccl. qui obiit an. dni M.CCC.XXXVII nono die. . . . .

Cathédrale, vers la porte de la grande sacristie.

103.   **1342**

Ci gisent ppres personnes Bouru Clores bourgeois de Chaal. qui trespassa l'an de grâce 1376, le 24ᵉ jour d'octobre et de damoiselle Sebille sa femme, qui trespassa l'an de grâce 1342 le mardy après la feste de Nostre Dame en aoust. Priez pour elle.

Tombe en marbre à Notre-Dame.

104.   **1343***

† Ci gist maistres Raouls de Moulinchat qui trespassa l'an de grâce M.CCC.XLIII le jour de feste sainte Agathe. Priez pour lui.

Gaignières. — Personnage sous une arcade, les pieds sur deux chiens ; de chaque côté du fronton, écu portant 3 pals échiquetés et un chef chargé de 2 lions léopardés, affrontés.

Eglise des Jacobins, contre le bénitier en entrant dans la nef. — A présent à Saint-Alpin.

Cette pierre disposée pour recevoir deux effigies, n'en a eu qu'une gravée.

105.   **1343***

Ci gisent Jacquiers li Nains et Marguerite, sa femme qui trespassa ladite Marguerite le mercredi après la mi-aout, l'an M.CCC.XLIX et lidis Jacquiers le vendredi après la mi-aoust l'an L. Pries pour les ames de eulx.

Ci gist Rabeles qui fu fême Jacquiers li Nains et fu fême François Tiersaine. . . . . jadis qui trespassa l'an mil CCC.XLIII, le lundi après Paques, prié por li.

Deux personnages, l'homme tête nue, la femme coiffée d'un chaperon à créneaux, sous deux arcatures très ornées. Deux écus portant trois cignes, 2 et 1, sous une riche arcature avec anges. — Notre-Dame.

La famille Le Sayne ou Le Cygne était une des plus notables de Châlons ; elle se divisait en le Sayne, Petit-Sayne, Demi-Sayne, Gros-Sayne, Tiers-Sayne.

106. **1344**

Ci gist messire Jean aux Massues jadis chapelain de l'église de St-............ qui trespassa l'an de grâce de nostre Seigneur M.CCC.XLIIII, lundy après la feste don St-Sacrement. Priez pour luy.

A St-Alpin. — On trouve à l'assemblée générale des bourgeois, en 1375, un Pierre aux Massues.

107. **1348**

Ci gist m^{res} Jehans Payens jadis demi chanoines de ceste égle qui tresp. l'an de grâce de nostre Seigneur M.CCC.XLVIII le XX jour don mois de may. Priez pour l'ame de luy.

Tombe avec effigie contre le premier pilier du chœur, du côté de l'épitre, à la cathédrale.

108. **1347***

Ci gist Jannette la Sainesse file jadis Mich. li Saine qui trespassa le venredi devat la Sainte Crois en mois de setâbre l'an mil CCC.XLIX. Priez pour l'âme de li.

Ci gist Marguerite jadis fille Michiel le Sayne qui trespassa l'an M.CCC.XLVII la vigile don Saint Sacrement. Pries pour l'ame de li.

Gaignières. — Deux femmes sous deux arcades ; audessus, entre les frontons des anges encensant. Au milieu du chapitre des Jacobins. — A Saint-Alpin actuellement.

109.   **1349***

Ci gist Adeline fame Perisson Moolle qui trespassa l'an M.CCC.XLIX le lundi iour de l'invencion Saint Estene, tiers iour d'aoust. Pries pour li.

Pas d'ornementation. — St-Jean.

110.   **1349**

Ci gist Katerine qui fu femme Michel Noisette qui trespassa .... février. Priez pour li.

Ci gist Michel Noisette qui trespassa le second jour d'aoust l'an M.CCC.XLIX. Pries pour l'âme de li.

A Notre-Dame.

111.   **1351***

Ci git dame Huydre qui fu fame Guillaume aux Massuez qui trespassa l'an de grace M.CCC.XXII le dimange devant la Saint Martin. Priez pour li.

Ci git Guillaumes aux Massues qui trespassa l'an de grâce M.CCC.LI, le mercredi après feste Saint Remi et Saint Yllaire. Pries pour l'ame de li amen.

Les deux défunts sous une arcade ogivale.— St-Alpin.

112.   **1353***

Ci gist Jehan Petit Sayne escuier qui trespassa l'an de grace nostre Seigneur mil CCC.LIII le XVII jor d'avril. Priez pour lui.

Ci gist damoiselle Vouret aux Massues sa fême qui trespassa l'an de grace nre sr MCCCLXXVI, le XVI jour de février. Priez pour elle.

Jean a ses armes sur sa cotte d'armes, les pieds sur un chien, sa femme porte partie des armes de son mari et des siennes ; elle est coiffée d'une espèce de casque à ouverture carrée. — Notre-Dame.

En 1375, ladite dame figure dans un dénombrement rendu au Vidame pour la seigneurie de Poix.

113.   **1358**

Ci gist maistre Jehan de Condé licencié en lois et chanoine de cette église qui trespassa l'an M.CCCC et I, le XV jour de décembre. Priez pour l'ame de luy.

Cy gist messire Sergéais (?) de Condé-sur-Marne jadis chanoine de céans qui trespassa l'an M.CCC.LVIII le dimanche après la Saint Denis. Priez pour lui.

Deux prêtres tenant chacun un calice, sous une double arcature très riche.

Jean de Condé laissa des biens considérables, sis à Juvigny, à la collégiale de Notre-Dame. — Notre-Dame.

114.   **1360**

Hic jacet......... Renardi de Sto Hilario presb. quondam canon. hujus ecclesie Cathalaun. qui obiit M.CCC.LX die XI mensis juliis orate pro eo.

Représentation du défunt. Près la porte de la grande sacristie. Cathédrale.

Saint-Hilaire-au-Temple, arrondissement de Châlons.

115. 1360

Hic jacet Magister Johannes de Condeto quondam canonicus hujus ecclesie licentatus in legibus et peritus in jure canonico qui fuit officialis Cathalaunensis per spatium XX annorum, qui obiit die VI mensis augusti anno Domini 1360. Orate pro eo quia anima ejus requiescat in pace.

Représentation du défunt sur la tombe avec les symboles des Evangélistes aux angles. — Cathédrale.

116. 1364*

Ci gist Jehan le Clerc iadis bourgeois de Chaalons qui trespassa l'an de grâce MCCCLX et quatre.

La bordure de gauche est coupée. Les deux époux sous une double arcade. Le mari a un chien sous les pieds.

117. 1365

Hic jacet Magister Nicolaus de V........ rem. theol. quondam hujus ecclesie canonicus qui obiit anno Domini 1365.

Représentation figurée sur la dalle de marbre, au pilier devant la chapelle Saint-Laurent. — Cathédrale.

118. **1362**

Ci gist Mre Jehan de Coole sous chantre de ceste église et chanoine de l'église de la Trinité de Chaalons qui trespassa l'an de grace M.CCC sexante et deux, le XXIIIe jour dou mois de Juillet. Priez pour l'âme de luy à Dieu que bons mercy ly face.

Cathédrale. — Pierre avec effigie dans la nef, devant le 4e pilier du côté de l'Evangile.

119. **1368**

† Ci gist Demoiselle Galaude agiée de environ XI ans, jadis fille de maistre Ferris de Mes, licenciés en loys et en canon, conseill. du roy nre^sr et maistre des requestes de son hostel q. trespassa le jour de la feste St Mathieu l'apotre au mois de septebre l'an M.CCC.LXVIII. Priez pour l'âme de li.

Cy gist madame Marguerite jadis fame mos^r Ferri de Mes, chlr. et conseiller du Roy qui trespassa le mardi IX jour de aoust l'an de grace M.CCC.LXXIX. Pries pour li.

Gaignières. — Eglise des Jacobins, dans le chœur près du balustre au bout des marches du sanctuaire. — Deux arcades, sous celle de droite une dame, vêtue d'un corsage de vair : un petit chien aux pieds ; dans celle de gauche une petite fille.

Ferry de Metz fit de grands dons aux églises et fonda

en 1380 une antienne et des prières à Notre-Dame-en-Vaux ; on le trouve dans l'obituaire de la cathédrale.

120. 1369

Ci gist Pieres au Massues, escuier qui trespassa l'ané de grâce M.CCC.LX et IX (ou XIX), le quisieme jour d'octambre. Priez pour la l'âme de luy.

Cathédrale. — Grande dalle avec personnage sous un dais.

121. 1376

Ci gist M° Jehan Dan......... dit d'Hacquelande, jadis chanoine de céans et vicaire de monseigneur qui trepassa le II° du mois de mars l'an M.CCC LXXVI. Priez pour l'âme de luy que Dieu luy fasse miséricorde.

St-Alpin. — Vis-à-vis de la porte du côté de l'Epître.

122. 1376

Hic jacet venerabilis et discretus vit magister Nicolaus de Verut........... (1) Cathalaunensis diocesis, in utroque jure licentatius............ hujus ecclesie quondam officialis........... qui obiit anno Domini M.CCC.LXXVI, die junii. Orate ut anima ejus requiescat in pace. Amen.

(1) Il faut sans doute lire : Vertus.

Le défunt représenté sur la dalle, près de la chaire du petit chœur. Saint-Alpin.

123. 1377

Hic jacet reverend. in Xto pater ac vir magne sciencie et avctoritate magister Johan Carpentarius sacre theologie professor quondam abbas hujus monasterii qui fuerat electus in abba. Magni monasterii dioc. Turonèn ad quod nen..... sed ad istud monasterium translatus et obiit die ultima mens aprilis anno dni M.CCC.LXXVII.......

Grande dalle très ornée. Le défunt représenté avec quatre écussons aux angles. Eglise de l'abbaye de Saint-Pierre-au-Mont. — Le *Gallia* donne cette épitaphe.

124. 1372*

Ci gist Messire Jehans de Mole sous chantre et chanoine de l'église de la Trinité de Chaalons, qui trespassa lan de grâce 1372, le 24e jour du mois de juillet. Priez Dieu pour l'âme de luy, à Dieu qui bonne mercy lui face. Amen.

Cathédrale. Effigie du défunt en costume de chanoine, le bâton à la main, un chien à ses pieds : belle ornementation architecturale.

125. 1373*

Cy gisent........ maistre Nicolas de Plancy, seigneur de Druley, de Bourgoignôs en p^te conseiller du Roy nostre sire et maistre de ses comptes, fils en son vivant de feu Jehan, qui trespassa lan de grâce M.CCC.LXXIII, le VIIe jour de mars. Priez pour eulx.

Cette pierre n'est pas celle de Nicolas qui ne mourut qu'en 1392, après avoir fondé une chapelle à Notre-Dame, mais elle fut placée par lui à la mémoire de son père et de ses deux femmes ou filles. — Sous une arcade ogivale, le défunt en robe longue, et deux femmes plus petites en bas. — Notre-Dame. (Voir plus bas, an 1392.)

126. 1378

Cy gist honnorable homme Person Moyne en son vivant marchand bourgeois et l'un des eschevins de Chaalons qui décéda XXIe jour de juin l'an de grâce M.CCC.LXXVIII. Priez Dieu pour son âme. Et Jehan Moyne, fils dudit Person Moyne, bourgeois marchand dem^t à Chaalons qui trespassa le ..... jour du mois..... l'an de grâce M.CCC.... Priez Dieu pour l'âme de luy.

Saint-Alpin, dalle de pierre au 9e pilier.

La famille Le Moyne était l'une des plus anciennes de la bourgeoisie châlonnaise. Louis Moyne, grenetier, fut maintenu dans sa noblesse par lettres royales du 9 juillet 1490. — M. Le Moyne de Villarsy, chevalier de Saint-Louis, était échevin en 1785. — D'argent à la bande de gueules, accompagnées en chef de trois mouchetures d'hermine, et en pointe d'un fer de moulin de sable, accosté de deux épis de blé au naturel.

127.   **1379***

Ci gist Guillaume le Boutilliers de Chaalons, chevalier.......

Ci gist Quentin le Boutilliers de Chaalons fils dudit Guillaume qui trespassa lan mil CCC.LXXIX.

Ci gist Huguenin le Boutilliers de Chaalons darier fils dudit Quentin qui trespassa lan mil CCCC.XXV le darier jour de septèbre.

Ci gist damoiselle Marie de Marisy fême dudit Huguenin qui trespassa lan mil CCCC. et........
Priez Dieu pour eulx.

Chapelle de l'hôpital Saint-Pierre.— Trois personnages sous des dais riches, une femme, et deux hommes armés de toutes pièces, la visière relevée ; le visage et les mains en marbre blanc.

Huguenin était lieutenant de ville et seigneur de Vouciennes en 1417. Son fils, Quentin, seigneur de Vaugency, exerça la même charge en 1460. — Marie avait pour frère Guiot de Marisy, gouverneur municipal en 1431. Il fonda à Notre-Dame une chapelle en 1477, dont les biens valaient en 1788 une rente 800 livres.

128.   **1380***

Ci gist Mre Jeoffros de Rins-la-Bruslée, chapelain perpétuel en ceste église et fut sacristain l'espace de 30 ans et trespassa le mardy jour de *après la Magdelaine* 1380............

Deux chiens aux pieds du défunt, qui tient un calice,

sous une arcade ogivale avec anges: dalle de marbre placée vers la porte de l'extrémité de la nef, du côté de l'Epitre.

Cathédrale. — Reims-la-Brûlée, arrondissement de Vitry. Les mots en italique subsistent seuls.

129. 1389

Saichent tuit que hon. et sage M⁰ Pierre Gouvion, licencié ès lois, jadis bailly de Chaalons, et Perrette, sa femme fondèrent quatre messes à estre chantées chascune semayne perpétuellemet après l'Evangile de la grande messe en ceste chapelle Sainte-Anne, l'an de grâce 1389. Priez Dieu pour eux.

Cathédrale. — Au mur près la grande sacristie. — Il exerça cette charge de 1379 à 1412.

130. 1389

Tombe, indiquée par Gaignières, de l'évêque Archambaud de Lautrec, au milieu du sanctuaire de la cathédrale, représentant un prélat mîtré, crossé, bénissant; sans légende.

131. 1392

Cy dessoubs ceste tombe de marbre gist feu maistre Nicholas de Plancy en son vivant seigneur de Drulley et Borgoignons en partie, conseiller et maistre des comptes du Roy nre sʳ qui trespassa lan mil CCC.IIIIxx et XII le IIᵉ jour de juing, lequel et damoiselle Eudeline sa feme ont faist faire et fondé ceste chapelle de LII l. t. de rente pour convertir et estre distribuez en pain à l'église aux chanoines et chapellains d'icelle pour dire chacun jour une messe incontinent après la levaison du corps de Jhu-Crist de la grande messe d'icelle esglise et pour dire V messes solennelles qui se dient chacun an l'une au jour l'Anunciasion N^{re} Dame, les II aux deux iours saint Nicholas, la quarte le jour sainte Katerine et la quinte le jour de la Conception N^{re} Dame.

Aux coins de la dalle, écussons *peints* ; écartelé de vair à la bande de gueules et de sable au chef d'or chargé de 3 tourteaux de gueules. — Cette dalle était à Notre-Dame dans la chapelle de Plancy ; celle-ci fut démolie au XVIIe siècle et la dalle transportée à la cathédrale. — Gaignières.

Nicolas de Plancy laissa un testament qui contenait 90 articles : les biens légués pour cette chapelle, sis à Vitry, Blesme, Ponthion, Clamanges, etc., étaient loués en 1788 pour 2066 livres par an.

132.   **1393**

Hic jacet dnus Johann. de Vitriaco castro, quondam succentor et can. hujus ecclesie qui obiit an. dni. 1393 die 4 mensis maii.

Représentation du défunt. Contre la porte du parvis. Cathédrale. — Vitry-le-Brûlé, arrondissement de Vitry.

133. . . . .*

Ci gist damoiselle Marie iadis feme de feu Colart aux Massues, et après feme de feu Michel Branlart, qui trespassa lan M.CCC.... Cy gist laquier Branlart fils desdits Michiel et damoiselle Marie..

La tombe représente une grande croix dont le haut et les bras sont terminés par un chapiteau à feuillages. Au bas, deux tombes ouvertes dont sortent un homme et une femme revêtus de linceuils ; aux angles quatre anges sonnant de la trompette ; sur deux banderolles : *Surgite mortui, venite ad judicium*, et *Leves vous morts, venes au jugement*. — Michel Branlart, écuyer et seigneur de Villers-aux-Corneilles en 1383, fonda son obit à la cathédrale. — Notre-Dame.

134.   1394

Ici gist Madame Isabel de Taissy jadis fame de mon seigneur Olivier de Mairy qui trespassa lan de grâce M.CCC.IIIIxx et XIIII le XXII de juin, qui fut la vigille de Saint Jehan-Baptiste. Priez pour ly.

Représentée sous une arcade ornée, la tête sur un coussin, un chien sous chaque pied ; de chaque côté de la tête un écusson portant une fasce, et un chef endanché. — Aux Jacobins, chapelle du Rosaire (Gaignières).

135. 1396

Cy gist Jacquier Noel escuier qui trespassa lan de grâce Nre Sr M.CCC.IIIIxx et seize. Dieu ait l'âme de li. Amen.

Cy gist................ jour d'avril. Dieu en ayt lame. Amen.

Deux personnages sous un dais ; la face et les mains en marbre blanc ; l'un avec un lévrier à ses pieds ; l'autre, deux chiens, dont l'un mord le second rongeant un os. — Notre-Dame.

136. 1396

Cy gist noble home Girars li Saynes escuier, jadis seigneur de Lestrée qui trespassa lan de grâce Nre Sr Mil CCC.IIIIxx XVI, le XXe jour du mois de novembre. Pries Dieu pour li. Ci gist damoiselle Marie de Sairy femme dudit Girars qui trespassa lan de grâce Mil CCCC. et XXVI le XIV jor de novembre.

Représentés sous deux riches arcades, Girars en armure avec deux épées en sautoir sur sa cote, les pieds sur un chien ; la tête de la femme entre deux écus, l'un parti des deux épées en sautoir (1), et d'un fretté avec bordure componée ; l'autre fretté seulement avec bordure ;

(1) Nous savons cependant que les Le Sayne avaient pour blason trois cygnes.

au bas seize petits personnages sous autant de niches avec leurs noms : Jehan, Galtier, Archambaud, Guillaume, Michelet, Girart, Marie, Clémence, Françoise, Jehan, Marguerite, Colart, Jehan, Hussy (?), Jehannette, Marie. — Aux Jacobins (Gaignières).

137.   **13..***

Hoc in sarcophago jacet Hugo cujus imago *est hic* insculpta, qui fecit ibi bona multa. Hic Cathalaunensis quondam fuit archilevita, laudibus immensis quem commendat *bona vita, clemens, facundus, fuit atque*....... orundus, criminis ignarus, generoso sanguine clarus. Collocet in cœlis sancti Marus (?) hunc Michaelis cui Deus esse velis merces sine fine fidelis.

Représentation du défunt, sous-diacre sous une ogive trilobée, avec deux anges encensant. — Près la porte du parvis. Cathédrale. Il ne subsiste plus que les mots en italique.

138.   **13..**

Hic jacet venerande senectutis magister Dominicus de Chalosie hujus insignis ecclesiæ Cathalaun. canonicus qui obiit anno Domini mill...... nonages, quinto, XIX aprilis.

Contre la porte du chœur, côté de l'Evangile. — Cathédrale.

139. **13..**

Hic jacet nobilis vir Hugo de Chalancorio Cathalaun. canonicus hujus et Auracensis ecclesiæ.

Représentation du défunt. Ecu portant deux mufles l'un sur l'autre.— Contre la porte ou parvis de la cathédrale.

140. **13..**

Ci gist sires Jacques Li Saines et Iveline sa fille qui fu famme Henri Noisette. Priez pour eux.

Les défunts représentés sous une arcade. Notre-Dame.

141. **13..**

Hic ex Hermundivilla placuit Jo (?) recundi,
Ecclesiæ gratum meritis et honore decanum
Largus, amans, hilaris fuit iste tyrannus avaris
Fortis in audendo, leopardus jura tuendo
Legit carnis iter M.C. ter et ex bis et I. ter
Terra datur membris post sextam Luce novembris
Qui vita florent, pro tali jugiter orent.

Cathédrale. — Jean de Hermonville non cité par le *Gallia*, était doyen du chapître Saint-Etienne au commencement du xive siècle.

Une autre dalle complètement mutilée, à Saint-Alpin, recouvrait Pierre, natif de Hermonville, archidiacre de Joinville, mort, d'après l'obituaire, le 13 mars (après 1303), léguant au chapitre 75 livres pour fonder son obit. Il fut un des exécuteurs testamentaires de l'évêque Conon de Vitry.

142.   **1400**

Hic jacet vener. et discret. vit dnus Bertrandus de Ponte........ et curatus parrochie S^{ti} Germani Cathalaunensis qui obiit X die junii anno Domini 1400. Orate pro eo.

Vers l'autel Saint-Joseph, à Saint-Alpin.

143.   **14..***

Cy gist Loys Maulru peletier lequel trespassa lan M.CCCC. et .... priez pour ly.

† Cy gist Guillemette sa fame, laquelle trespassa lan M.CCC. et ... Priez pour elle.

Saint-Alpin. — Sous une très riche arcature, le mari en robe courte serrée à la taille par un ceinturon. La femme vêtue d'une robe à riches parements avec une coiffe.

144.   **1400**

Clausa sigilliferi jam dudum canonicique
Dulciter hec via marmoris ossa cubant
Ægidii Burgaud................
Qui studioss......
    Obiit anno M.CCCC.

Ecu écartelé au 1er d'une croix ; aux 2e et 3e de 3 roses posées 2 et 1 ; au 4e une muraille crénelée. — St-Alpin. dalle de marbre dans le chœur, côté de l'Epître, vers le petit aigle.

145.   **14..**

Ci gist Messire Dommenges Colessonnet de Sommerance, jadis curé de ceste église et chapellain perpétuel........ lan de grâce Nostre-Seigneur Mil CCCC..... Priez Dieu pour l'âme de luy.

Cathédrale. — Sommerance, canton de Grandpré (Ardennes).

146.   **14..**

Cy gist ven. et discr. pers. Mre Pierre arch..... trésor....... et chan....... de la Trinité qui trespassa lan M.CCCC........

Cy gist ven. et disc. pers. M. Pierre Clerboys chanoine de céans et de la Trinité disciple *(sic)* de Mre Pierre qui décéda lan Mil CCCC........

Cathédrale.

147.   **1402**

Cy gist noble homme Jean de..... ... Chemenach qui trespassa la veille de l'Exaltation de la Sainte Croix lan 1402. Priez Dieu pour luy.

Grande dalle portant la représentation du défunt, dans la nef, contre le premier pilier, côté de l'Evangile. Ecussons aux angles, parti : 1° quatre chevrons ; 2° coupé, 1° une croix cantonnée de quatre billettes ; 2° cinq merlettes, 2, 1, 2. — Cathédrale. — L'obituaire du chapitre contient plusieurs obits au nom d'un Chemenach

148.   1402

Hic jacet reverendus in Christo pater dominus Hugo de Villa Nova, Catalauno oriundus, decretorum doctor, officialis Cathalaunensis, ac tandem monachus et hujus cœnobii abbas per conventum electus qui obiit anno Domini M.CCCC.II die XXIV martii. Requiescat in pace.

Abbaye de Saint-Pierre-au-Mont (*Gallia Christiana*).

149.   1407

Cy gist noble homme Gilles Le Gorlier en son vivant bourgeois de Chaalons, y dem^t, qui trespassa le 24e mars 1407, et noble homme Michel Le Gorlier, bourgeois, l'un des eschevins de Chaalons qui trespassa le 23e jour de juin 1417. Priez Dieu pour eux.

Et noble homme Michel Le Gorlier petit-fils dudit Michel Le Gorlier vivant bourgeois dem^t à Chaalons qui décéda le 3e jour de septembre 1500. Priez Dieu pour la trespassion.

Et noble homme Pierre Le Gorlier, fils dudit (*sic*) Pierre Le Gorlier qui décéda le 1er octobre 1638. Priez Dieu pour luy.

Et damoiselle Françoise Hennequin, sa femme, Et laquelle décéda le 25e janvier 1641. Et le 15 juin 1650 est décédé le sieur François d'Aoust escuier s^r de Coolus.

Ecusson chargé d'une fasce accompagnée de trois merlettes. — Notre-Dame, au bas de la nef. Dalle de marbre élevée. — Le Gorlier, l'une des premières familles de Châlons, remontant au commencement du xv⁰ siècle ; seigneuries de Saint-Martin, Verneuil, la Grand'Cour, Sainte-Cohière, Saint-Lotin, Drouilly, etc. — Gilles vint de Château-Thierry se fixer à Châlons ; son fils Michel y avait également demeuré : il épousa en 1472 Simonne Noisette. Pierre, ci-mentionné, fut l'auteur, de la branche de Verneuil, et eut un fils tué au siège d'Epernay. — Jacques, seigneur de Verneuil, fut procureur général au bureau des finances de Châlons en 1633. Ses descendants furent présidents au présidial au xviii⁰ siècle. — Une Le Gorlier de Drouilly épousa le président Molé de Champlâtreux. — D'argent à la fasce de gueules, chargée d'une coquille d'or, accompagnée de trois molettes de sable : 2, 1. — D'Aoust ; famille ancienne de Châlons, reconnue noble par sentence du 9 novembre 1434. — De gueules à la tourterelle d'argent, tenant dans son bec une branche d'olivier de sinople. — François, receveur des tailles en 1610, épousa Françoise Hennequin ; veuf de Jeanne Le Fèvre. Elle était fille de Nicolas, seigneur de Rupt, et de Louise de Péas, de la famille Hennequin de Troyes.

150.   **1407**

Ci gist frère Eudes de Vertus vicaire jadis de l'Inquisition de France au diocèse de Chaalons qui trespassa lan de grâce M.CCCC.VII, le II⁰ jour de juillet. Pˢ pʳ luy.

Cloître des Dominicains.

151.   **1410**

Cy gist honnorable homme et sage Collart Le Parent, bourgeois et marchand, prevost de Chaalons, lequel trespassa le 17ᵉ jour d'aoust lan de grâce M.CCCC.X. Priez Dieu povr lvy. Et Meline femme de fev dvdict (sic) prevost laqvelle trespassa le 5ᵉ jovr dv moys d'octobre lan M.CCCC.XLI. Pries Dieu povr elle.

Notre-Dame, galerie de l'horloge, dalle en marbre.

152.   **1412***

Cy gist honorable hoe maistre Pierre Gouvion, licencié en lois, bailly de Chaalons qui décéda le... Mil CCCC. et XIII. — Cy gist damoiselle Perette fame dudit maistre Pierre Gouvion laquelle trespassa le jour Saint Mathieu evengelistre au mois de septembre lan Mil CCCC et douze.

Saint-Alpin. — Sous deux dais d'une richesse exceptionnelle avec statuettes aux pinacles. Pierre, en robe longue, tête nue. Perette, en robe avec coiffe. Entre eux, au bas du pilier séparatif, une petite fille les mains jointes. (Voir plus haut, 1389.)

153.   **1413**

Cy gist Collesson Mauru qui trespassa lan de grâce 1428 le vendredy 4ᵉ jour de juillet. Pries Dieu pour luy. Et Margarette sa femme qui trespassa le 12e jour d'aoust lan de grâce 1413. Pries Dieu pour elle.

Saint-Alpin, plaque de marbre au sixième pilier du côté de l'Evangile (Voy. n° 464).

454.   1414

Hic jacet venerabilis et discretus vit dnus Hugo Pariset, hujus insignis ecclesiæ et sanctissimæ Trinitatis Cathalaunensis canonicus ac rector parrochalis ecclesiæ sancti Martini de Courtisolium qui obiit anno Domini M.CCCC.XIIII, die secunda mensis januarii.

Suit une épitaphe en cinq vers, dont le premier seul est lisible :

Hugonus Pariset sub.... sarcophago.

Dalle de pierre au troisième pilier, du côté de l'Epître. — Cathédrale.

455.   1414

Cy gist noble hoe Mre Michiel Le Sayne maistre ès arts, licencié en lois et en decret jadis chantre et chan. de l'église de céans et seigr de Lestrée, lequel a fondé céans un obit perpétuel de VII livres V sols tournois, etc. *(sic)*, et trespassa le 19e du mois d'avril l'an de grâce 1414. Priez Dieu pour luy.

Ecu portant deux épées en sautoir, les pointes en bas. — Dalle en marbre, sous la porte de la sacristie.

156.   **1415**

Hic jacet venerabilis et discretus vir magister Barioldus Galteri presbyter Redonensis diocesis canonicus hujus ecclesie qui obiit anno Domini 1415, quarta decima mensis januarii. Orate pro eo.

Saint-Alpin. — Au milieu de la nef. Représentation du défunt sous un dais richement orné ; il porte l'aumusse sur la tête.

157.   **1415***

Noble homme maistre Jehan de Gaucourt archidiacre de Joinville en ceste église, chanoine d'icelle et de Narbone, seigneur en partie de Maisons sur Seine lez Argenteuil, de la Grange Menecier en Brie et de Aciaval, a fondé à l'autel de Nostre Dame quatre messes perpétuelles pour luy, son père, sa mère, parens, amis et bienfaiteurs, à chanter et célébrer chascune sepmaine par les chapellains de l'ancienne congrégations de céans et se doibvent dire depuis la première pulsation de prime jusqu'au commencement de chanter prime, c'est assavoir lundi de Requiem, le mercredi de Saint-Esprit, tant comme il vivera et après son décès le Requiem, le vendredi de la Croix, le dimanche de la Dominique se il nest resté solenne ou..... pourront chanter selon leur devocion tout les quatre temps, et fut faicte ladicte fondacion l'an de grâce Not. Seign' 1416, le dimanche seiziesmes jour de febvrier premier dimanche de la septuagésime. Avec ce a fondé dans l'église de céans ung obit solennel perpétuel. Priez Dieu pour luy.

Cathédrale. — Pierre carrée ; aux coins écussons peints, d'argent semé de croisettes, à deux bars adossés de même brochant ; bordure de gueules.

158.   **1418**

Donus Guillermus Brau hic
. . . . jacet abba.
Sicut habet corpus ; ne vos offendat odor, piis
Sic animam cœlis manibus sancti Michaelis
Christe appelans absolvas, rex pietatis :
Ut quoque gaudeatis des cum sine fine beatis.
    Qui obiit anno Domini M.CCCC.XVIII.
      XVI die mensis martii.

Toussaint *(Gallia)*. — Guillaume Braux était en même temps abbé de Notre-Dame de Vertus. Il appartenait à une famille châlonnaise remontant à Jean, père dudit abbé, anobli le 1er février 1366, qui a fourni de nombreuses branches (Anglure, St-Valery, Sorton, Florent), occupé les premières charges de la province et contracté les plus brillantes alliances. — De gueules au dragon ailé d'or.

159.   1419*

Cy gist...... de..... escuier jadis seigneur de Mairy-sur-Marne qui trespassa l'an de grâce Nostre Seigneur 1419, le 10° jour de juillet. Priez pour luy.

Cathédrale. — (Voir 1394).

160.   1420*

Ci gisent Thomas Poupart, Agnès et Marguerite ses femmes qui trespassèrent leditte *(sic)* Thomas en l'an 1420 et ladicte Agnès en l'an 1414 le grant jeu.ly et ladicte Marguerite en l'an 14... Priez Dieu pour eulx.

Cathédrale. — Effigie des trois défunts : le mari est en costume semi-religieux, les femmes avec des chapelets aux bras.

161.   1421*

Hic jacet circonspectionis, scientiæ ac elucentis eloquentiæ Navar.... vir magister Matheus de Mauro Rhotomag. diocesis sacræ theologiæ professor, hujus ecclesiæ decanus qui obiit nocte festi beati Mathœi apostoli 1421. Orate pro eo Deus sui misereatur. Amen.

Cathédrale. — Représentation du défunt sous une baie ogivale. Ecu : chevron chargé en chef d'une étoile accompagnée de trois besans. Contre la porte du parvis.

Le défunt tient un livre de prières sur lequel on lit:
« Miserere mei Domine quia in te confidit anima mea, sciens quod nolis mortem peccatoris, in te speraverunt miseri..... sic miserere mei. »

162.   **1421***

Ci gist Poincinet de Juvigny, escuier jadis seigneur de Mairei en partie lequel trespassa le 10ᵉ jour du mois de juillet lan M.CCCC.XXIX. Priez pour son âme s'il vous plaist. — Ci gist damoiselle Nichole la Boutillie, dame de Baune en ptie (1) jadis feme du devant dit Poincinet de Juvigny laquelle trespassa le 22ᵉ jour du mois de décembre lan M.CCCC.XXI. Priez Dieu pour son âme s'il vous plaist.

Saint-Alpin. — Dalle en pierre très-belle. Les deux personnages représentés; fonds très-orné. L'homme armé de toutes pièces, la visière relevée, un lévrier à ses pieds; la femme, grande robe et voile, sous une riche arcade trilobée. Ecu chargé d'une fasce et d'un chef endanché (voir au 1394). — Pendant les guerres des Armagnacs et des Bourguignons, Juvigny avait reçu une garnison de ces derniers et le Conseil de ville de Châlons prit le 13 février 1421 une conclusion ordonnant la démolition de la tour Poincinet à Juvigny. — Eglise des Jacobins.

(1) Faut-il lire: Bannes, canton de Vertus ?

163. **1419**

Cy gist noble homme Jehan Baroncel de Florence qui trespassa le lundi XXXe jour du mois de may en lan de grâce N. Sr M.CCCC.XIX. Priez pour lame de luy s'il vous plaist.

Notre-Dame. — Le défunt représenté en armure, un chien à ses pieds ; aux angles, écu chargé d'une fasce accompagné de trois.... (?)

164. **1428***

Ci gist Colesson Mauru Pelichel lequel trespassa. lan de grâce M.CCCC.XXVIII le véredi 4e jo. d. juillet. Priez po. luy.

Ci gist Margarite sa feme laquelle trespassa lan de grâce M.CCCC et XIII le 3e jour du mois d'aoust. Priez Dieu pour elle.

Dalle en pierre. Les deux personnages représentés sous des colonnettes à clochetons ; entre chaque mot, un ornement. — Saint-Alpin (Voy. n° 153).

165. **1433**

Cy gist damoiselle Isabeau Le Cerf, fille de maistre Pierre Le Cerf en son vivant procureur général du roy nostre sire en son Parlement à Paris, et jadis femme de M. Pierre Aubelin en son vivant bailly du chapitre de Chaalons. Et Pierre

Aubelin, en son vivant escuyer bourgeois de Chaalons et l'un des eschevins de la ville, son fils, qui trespassèrent, c'est à sçavoir ladite dam^lle Isabeau au mois de décembre 1433 et ledit Pierre Aubelin au mois d'avril, le 28e jour 1477. Priez Dieu pour eux.

Au couvent des Cordeliers. — Pierre Aubelin, issu d'une famille bourgeoise d'Epernay, y fut d'abord garde des sceaux de la prévôté (1421), avant de devenir bailli du chapitre de Châlons. Son fils succéda à son beau-père comme bailli d'Epernay, charge qu'il exerça avant d'être procureur général ; ses descendants la conservèrent héréditairement jusqu'au milieu du siècle suivant. — D'azur au chevron d'argent, acccompagné en chef de deux étoiles d'or, et en pointe d'un massacre de même. Cette famille existe encore dans la branche Aubelin de Villers : maintenue par Caumartin en 1668.

Il y avait à Châlons une famille Le Cerf ou Le Serf, dont était Jean, gouverneur municipal en 1469. Caumartin la maintint. D'azur au chevron d'or accompagné de 3 étoiles de même.

166.   **1434**

Hic jacet ven. Mag. Reginaldus Coret in utroque jure bachelarius, hujus ecclesiæ Cathal. canonicus qui obiit 25e die mensis Augusti dni 1434. Orate pro eo.

Représentation du défunt, contre la porte du parvis. — Cathédrale.

167.   **1438**

Cy dessous gist noble seigneur et révérend père en Dieu monseigneur Jehan de Sarrebruche, en son vivant seigneur de Parigny, Aulnay le Chastel, du Parc, de Lachy et d'Estrelles, leque fut évesque et comte de Chaalons, per de France ; paisiblement de son peuple bien aimé par l'espace de XVIII ans ou environ et par avant fut évesque de Verdun l'espace de XVI ans ou environ ; qui trespassa audit Chaalons le dernier jour de novembre M.CCCC.XXXVIII. Priez Dieu pour lui.

Jean de Sarrebruck succéda en 1419 au cardinal de Bar. — Cathédrale. — La tombe à gauche du maître-autel. Le prélat représenté mitré, crossé, les pieds sur deux lions. Très riches pilastres et dais à triple arcade. Aux angles, les symboles des évangélistes : sur le centre du fronton, écu écartelé des armes de l'évêché et de l'évêque (un lion sur un semé de billettes). Son écu est répété sur chacun des pilastres.

168.   **1439***

Ci gist Pierre d'Augy escuier descuri du roy nostre sire, qui trespassa lan de grâce Mil IIII c XXXIX, le XXVᵉ jour du mois de may. Priez Dieu pour l'âme de luy.

Cathédrale. — Effigie du défunt en cuirasse, sous un

dais à trois frontons ; les pieds sur un chien. Ecusson portant une face chargée d'un lion naissant, accompagné de trois merlettes. — Auparavant aux Cordeliers.

169.   1439

Cy gist Geofroy Morillon, escuier, qui trespassa lan Mil CCCC. et XXXIX. Priez Dieu pour luy.

Représenté en armes, un chien sous les pieds; arc à triple fronton ; de chaque côté de la tête et aux angles, écu chargé d'un griffon. — Aux Cordeliers. — Cette famille posséda la seigneurie de Marne et plusieurs autres du Perthois, à dater de Pierre, qui était gouverneur municipal de Châlons en 1525. Maintenue par Caumartin qui lui attribue d'autres armoiries.

170.   1453

Hic jacet venerabilis circonspectus vir magister Petrus Simonis de Tuillia ad Jardum, natus Tullensis diocesis precentor canonicus hujus ecclesie qui obiit anno Domini 1453 die Assumptionis S. Marie Virginis. Orate pro eo. — Et Johannes Reginaldi canonicus Cathalaunensis nepos predicti Simonis qui obiit 2 iunii anno 1492. Orate pro eo.

Honnor. et venerabilis dominus Jacobus Regnauld, canonicus hujus ecclesie frater prenominati magistri Johannis qui obiit octava die mensis aprilis post Pascham anno Domini 1507. Orate pro eo.

Saint-Alpin. — Ecusson portant un chêne avec un cerf au pied.

171.   1453

Hic jacet reverendus in Christo pater et dominus Guillermus le Tur, vit nobilis, ac legum doctor eximius, quondam episcopus et comes almae civitatis, parque Franciae, qui obiit anno Domini M.CCCC.LIII, tertia de mensis junii. Orate pro eo.

Cathédrale. — Succéda à Jean Tudert qui mourut avant d'être installé ; élu en mars 1410, après avoir été chanoine de Paris. — La tombe près du petit aigle. Le prélat mitré, crossé, sur un champ fleurdelysé, sous un fronton simple à deux pilastres ; écusson à ses armes, écartelé d'un lambel mis en face et de. . . . . . à trois besans, 2 et 1.

172.   1458*

Cy gist Mᵉ Michel Jolly, abbé de ceans qui décéda le XXVIᵉ d'apvril M.IIII c LVIII. Péz pôr luy.

Notre-Dame. — Le défunt représenté mitré avec une chasuble à fleurons crucifères, les mains jointes avec gants sur lesquels est un chiffre brodé dans un losange, sous une triple arcature ogivale.

Michel Joly fut abbé de Toussaint depuis 1434, après avoir été abbé de Chantemerle. Le *Gallia* le fait mourir le 16 des calendes de mai 1461.

173.   **1462**

Cy gist vénérable et discrète personne M° Pierre Pariset, en son vivant chanoine et trésorier de ceste paroisse......... qui trespassa le jour de Saincte-Pasques 1462.

Saint-Alpin.

174.   **1464**

Hic jacet v. m^r de Mirocurte (1) remensis diocesis oriundus, quondam hujus eccl^{ie} canonicus qui obiit anno dni M.CCCC.LXIIII.

Cathédrale.

175.   **1471***

.... tre de......e..de... que de Chaalons et Poncette sa femme qui trespassèrent assavoir: ledit Hue le XIIIIe jour du mois de septembre lan Mil CCCC.LXXI et ladite Poncette le XXe jour du mois de juin Mil CCCC.....

Saint-Alpin. — Sous une double arcature ogivale, Hue en robe longue; sa femme en robe serrée à la taille, large coiffe. Au bas treize petites filles couvertes de coiffes pareilles à celle de leur mère et trois petits garçons tête nue, agenouillés.

(1) Plutôt Minaucourt, canton de Ville-sur-Tourbe, mais du diocèse de Reims avant 1789.

176.   **1468**

Cy gist noble homme Mallet Collebault bourgeois de Chaalons. Girardine jadis femme de noble homme François Joybert et ledict François qui trespassèrent scavoir ledit Malet au mois de may M.CCCC.LXVIII : et ladicte Girardine le 3ᵉ jour de décembre M.CCCC.LXXX : et ledict François le 7ᵉ jour de juin M.D.III. Priez Dieu povr evx.

Gist le corps de Jean Joybert, vivant escuier, sʳ de Soulanges, en son vivant l'un des eschevins de Chaalons, fils dudit François Joybert, qui décéda le 13ᵉ jour d'aoust 1556. Priez Dieu pour son âme.

Notre-Dame. — Galerie de l'horloge ; dalle en marbre. — La famille Joybert — encore existante — était de noblesse châlonnaise : Thomas vivait en 1300 et eut un fils échanson du roi. — François de Joybert fut procureur de la ville en 1471. — D'argent au chevron d'azur, surmonté d'un croissant de gueules, accompagné de trois roses de même : 2 et 1.

177.   **1474**

Cy gisent les ven. et dis. pers. Mʳᵉˢ Jehan Fié, pʳᵉ bachelier en droit chan. et chantre de céans et....... lequel trespassa le 1ᵉʳ septembre lan de g. M.CCCC.LXXIIII. Et Pierre Fié, son frère aussy pʳᵉ licencié en droit ch. et arch. de Joinville qui trespassa lan M.CCCC.XXXIV le Xᵉ du mois d'aoust.

Cathédrale. — Les figures des évangélistes aux angles. Ecu chargé d'un croissant avec une fleur au-dessus.

178. **1475**

Hic jacet venerabilis vir magister Joannes Polin, hujus ecclesiæ...... januarius, qui obiit anno domini M.CCCC.LXXV die quinta mensis sept. Orate pro eo.

Dans la nef de Notre-Dame.

179. **1477**

Cy gist honorable homme Pierre Aubelin, escuier, en son vivant bourgeois de Chaalons qui trespassa le 28ᵉ jour d'avril 1477 (1)............ Guiot Aubelin, fils dudit en son vivant bourgeois de Chaalons qui trespassa en 1481. Et deux de ces *(sic)* filles. Priez Dieu pour eux.

Cathédrale. — Représentation de trois des défunts, drapés de longs vêtements, sous d'élégantes corniches avec les armes aux pieds de chaque personnage ; sur les arcs-boutants des clochetons, six religieux en prières et autant d'anges. — On lit encore aux pieds de Guiot cette inscription :

Et auprès de luy damoiselle Nicole Le Cousin jadis sa femme qui trespassa l'an 1541, 14ᵉ jour de décembre. Priez pour les trespassés.

(1) Echevin et marié à Pérette du Mesnil, fils de Pierre et de Isabeau Le Cerf.

Et aux pieds de celle-ci :

Et Jehan Aubelin (1) fils dudit Jehan Aubelin quy trespassa le 9 de apvril 1500.

Enfin, une note recueillie par un collectionneur nous a conservé l'inscription circulaire qui a été coupée :

Cy gist noble homme Jehan Aubelin, en son vivant escuier eschevin de Chaalons fils dud. Guiot Aubelin, qui trespassa le XXVII° jor de juin l'an Mil V° XXXV.

180.   1479

Cy gist vénérable personne Jehan Bertheul en son vivant chanoine de Chaalons, qui trespassa XIII° sept. M.CCCC.LXXIX. Priez Dieu pour luy.

Saint-Alpin. — Petite dalle devant la chaire du prédicateur.

181.   1483

Hic jacet ven. et dic. vir dnus Johannes Durand alia Boulanger, quondam hujus ecclie canonicus qui obiit anno dni M.CCCC.LXXXIII, die XV julii. Orate pro eo.

Cathédrale.

(1) Seigneur de Voulzy, garde des sceaux de la prévôté d'Epernay.

182.   **1483.**

Cy gissent Marguerite Le Febvre jadis femme de noble homme Jehan Le Clerc, en son vivant seigneur de Crégy et vicomte en partie de Nogentel les *Chasteau-Thierry, laquelle trespassa le 16° jour d'apvril après Pasques* lan 1483. Et Mre Michel Le Clerc, chantre et chanoine de l'esglise de céans qui trespassa le 26° jour de mars l'an 1502.

Sur la dalle, représentation des défunts. La mère en costume religieux ; son fils avec aube, aumusse, chape riche et un bâton cantoral qu'il maintient du bras droit, les mains jointes. Aux quatre coins, les symboles des évangélistes et dans le milieu de chaque côté deux écussons : 1° un chevron accompagné de trois roses ; 2° une fasce accompagnée de trois oiseaux ; 2 et 1.

Cathédrale. — Grande dalle de pierre au cinquième pilier du côté l'Epître. Il n'en reste qu'un fragment comprenant les mots soulignés. — La famille Le Clerc de Morains qui a occupé à Châlons une position des plus notables, descendait de ce Jean Le Clerc, originaire de Château-Thierry ; une autre branche s'établit à Paris, dite du Tremblay, et on compte parmi ses membres le P. Le Clerc, la célèbre Eminence grise de Richelieu. — D'or au chevron d'azur, accompagné de trois roses de gueules, tigées de sinoples : 2 et 1. — La généalogie indique Marguerite Lefèvre comme mariée à Jean seigneur du Tremblay, trésorier de France, dont le père, général des finances après avoir été grenetier à Château-Thierry, est mort le 5 mars 1350.

183.   1483

Cy gist M^ro Michel Gruyer p^re natif de Chateau Thierri, mre ès artz et bachelier en décret, sous-chantre et chanoine de l'église de céans et curé de Saint-Germain de ceste ville, qui trespassa le 25 février 1483. Priez Dieu pour son âme.

Ecu portant trois têtes humaines : 2 et 1. — Près la porte du parvis. — Cathédrale. — Jean Gruyer était bailli de Châlons, et fut reconnu noble par lettres royales du 3 mai 1493.

184.   1485

Cy gist noble homme et prudent Jehan Mengin en son vivant bourgeois marchand et eschevin de Chaalons qui trespassa le XVe jour d'apvril l'an Mil CCCC.IIIIxx et V. Cy gist damoiselle Marguerite Cousine femme dudit Jehan Mengin laquelle trespassa le penultième jour de mai Mil CCCC.IIIIxx et II. Priez pour eulx.

Saint-Alpin. — Sous un double dais très riche, Jean en robe longue, aumônière à la ceinture, écharpe sur l'épaule droite, tête nue ; sa femme en robe, jupe relevée, coiffe. Sur l'encadrement, dix statuettes d'apôtres ; en haut, Dieu recevant les âmes des défunts sous l'aspect de deux enfants ; un ange tient l'hostie, l'autre une pièce de monnaie. Deux écussons du côté de Jean, portant une fasce accompagnée de six besans : 3 et 3 ; deux du côté de la femme, Partis de ce blason et d'une bande chargée de trois alerions.

185. 1495

Cy gist devant ce pilier dam^{lle} Perette Vichonne demeurant à Chaalons qui a donné à la fabrique de céans quatre faulchées de préz faisant la moitié du pré du fort assis près de Vitry-la-Ville fossoyée à charge pour les marg^{lliers} de faire célébrer par chun an quatre obitz à chune haute messe de Requiem vigilles et commandises sonner une laise, laquelle trespassa le 28e jour de mars 1495. Priés Dieu pour elle.

Ecusson portant trois oiseaux éployés : 2 et 1. Saint-Alpin. — Plaque de marbre au sixième pilier du côté de l'Evangile.

186. 1497*

Cy gist vénérable et discrète personne Jehan Berthelemyn dit de Capi qui trespassa le XIIIe jour du mois d'avril lan de grâce Mil CCCC.IIIIxx XVII. Priez Dieu pour l'âme de luy. Amen.

Cathédrale. — Deux baies ogivales : sur l'une, saint Etienne nimbé, en aube et dalmatique, un caillou sur la tête ; sur l'autre, le chanoine en surplis et aumusse. Contreforts à pignons fleuronnés où Dieu et Abraham reçoivent l'âme du défunt accompagnée par des anges. Aux angles, les quatre symboles évangéliques.

187. Vers 1495

Cy gist Claude Toignel, en son vivant chevalier, sgr d'Espences et vidame de Chaalons, lequel fonda en ceste chapelle une messe chascun jour à.......... décéda le II° jour d'oct. 14...

Note du manuscrit :

« Et il y a sept escussons de différentes manières sur le tombeau, entr'autres des Cuissotte... et.......... qui s'en sont voulu probablement faire descendre.....

Saint-Alpin. — Dalle de marbre dans la chapelle dite d'Espense. — Claude Toignel était vidame de Châlons par sa femme Marie de Bazoches. Il était l'aïeul du célèbre docteur catholique de ce nom. Il fonda en 1481 la chapelle dite du 3 janvier ; il est qualifié vidame de Châlons et échanson du roi et doit être mort en 1485 au plus tôt, ou même 1495. Son fils Claude, né d'un second mariage avec Jacqueline du Molin, épousa Yolande des Ursins (1).

188. 1500*

Ci gisent noble homme Jehan Collesson en son vivant bourgeois et marchand de Chaalons qui trespassa le VIII jo^r d'avril lan Mil et V^e et noble femme Colette de Rouvroy, femme dudit Jehan Colleçs., laquelle trespassa le quatrième janvié. —

(1) Voir les *Notes sur la famille Toignel*, par L. Grignon. Châlons, Le Roy, 1887.

Aussi noble noble hoe Gabriel Ivonart, mari de ladite Colette qui trespassa le IIII° jour de janvié M.V° IIII. — Sur le flanc droit : Noble hoe Cheriolle Delpit seig' de la Basse-Tour........ qui décéda le 26 aoust 1552.

Saint-Alpin. — Les deux premiers défunts représentés sous une arcade ogivale géminée très fruste. — La famille de Rouvroy a donné des échevins à la ville au xv° siècle.

189.   1502

Cy gist ven. et discr. pers. M° Jehan Lambesson, chanoine de l'église de céans et seigneur de St-Martin aux Champs qui trespassa le 7° jour de juillet l'an de grâce 1502. Priez Dieu pour luy et pour tous les trespassés.

Représentation du défunt en aube, aumusse, etc. — Ecu chargé d'une croix pâtée, au chef denché. — Cathédrale, près la porte du parvis.

Lettre royale de réhabilitation pour Guillaume, contrôleur de ville, du 29 décembre 1496. Marguerite Lambesson, dame de Saint-Martin, épousa Jean Aubelin, seigneur de Voulzy, bailli d'Epernay, mort en 1521.

190.   1502

Cy gist v. et d. pers. Guy Gruyer chanoine de céans qui trespassa le XIII° jour de juillet M. cinq cent et II. Priez.........

Cathédrale. — Ecusson effacé.

191. 1503

Hic jacet venerandae sanctitatis ac mirae prudentiae vir Gaufridus hujus nominis tertius Catalaunensis episcopus, qui episcopatum Catalaunensem quinquagesimus rexit, cathedras in choro, columnas in majore altari donavit, domum episcopalem ac Sarrei castrum sumtuoso opere aedificavit, qui obiit anno Domini 1503, penultima mensis aug. Anima ejus requiescat in pace.

Cathédrale. — Effigie de l'évêque en costume avec la crosse sous une lourde arcade. — Sous le pupitre de l'Epître.

Geoffroy de Saint-Geran ou Floreau, d'abord abbé de Saint-Germain-des-Prés, élu en 1493. Il fit rebâtir le château de Sarry et le palais épiscopal.

192. 1505

Cy gist ven. et dis. pers. Mᵉ Pasquier Regnier pʳᵉ chanoine de céans qui trespassa l'an de grace 1505. Priez Dieu pour luy.

Ecu portant trois rencontres de cerf. — Cathédrale.

193. 1507

Cy gist ven. et discrète personne Mʳᵉ Jehan Beschefert laisné pʳᵉ en son vivant chanoine de céans qui trespassa le 14ᵉ jour de juillet 1507. Et vén. et disc. personne Mʳᵉ Jacques Beschefer, chan. de céans qui décéda le 14 novembre 1616. Priez Dieu pour luy. Et vénérable et discrète personne Mre Claude Martine p^ro chan. de céans qui décéda le 14° jour d'octobre 1639,

Ecussons aux quatre coins : 1° un chevron accompagné en chef d'un soleil et un annelet, et en pointe d'une fleur tigée ; 2° écartelé de deux épées en sautoir les pointes en bas et d'un sautoir. — Dalle de marbre noir contre la chapelle Sainte-Geneviève. — Cathédrale.

La famille Beschefer remonte au xv° siècle et a formé des branches à Châlons, à Sainte-Ménehould et à Vitry. Cette dernière embrassa le protestantisme et passa partie en Angleterre et partie en Prusse, à la révocation de l'édit de Nantes. Un de ses descendants devint au milieu du xviii° siècle lieutenant général et chevalier de l'Aigle-Noir. — De sable à deux étoiles d'argent en chef et une rose d'or en pointe (Armorial d'Hozier, 1698).

Mentionnons à la cathédrale un fragment de dalle portant ces mots : « Cy gist vénérable et discrète personne Louis Beschefer, archidiacre de Joinville. . . . . » Il devait être le frère de Jean Beschefer, notaire à Sainte-Ménehould en 1481, et l'oncle de ces deux chanoines.

194.   1508

Vitâ morib^e clarus Me Jean de La Grange p^ter sacræ hujus aedis canonicus et thesaurarius, hac urbe natus hoc saxo tegitur. Hic dum hoc sacellum picturis et majoris edis. . . . . auro argentoque. . . . . pietatis. . . . . Anno CCCC. VIII.

Au haut de la dalle, un écu répété deux fois, portant deux épées en sautoir, les pointes en bas, accompagnées en pointe d'une gerbe de blé. — Cathédrale.

495.   1510

Cy gist ven. et disc. Mre Jean Cuissotte p^re chan. de céans, qui décéda le.......... et M^re........ Cuissotte aussy p^re et chanoine de cette église qui décéda le XXI mars 1581.

(Au-dedans de la dalle) : Cy gist ven. et d. p. Me Charles Cuissotte p^re d. en th. et arch. de Joinville et chan. de céans, qui décéda le XXVe juin 1510. — Et Me Jean Cuissotte aussy p^re et chan. de ceste égl^e qui décéda le 25 sept. 1625.

Flumine torrens erat in nobis
.... judicii nostri
Si enim erit et............

Ecu d'azur au chevron d'argent, accompagné de 3 besans d'or. — Cathédrale. — Charles, fils de Nicolas, lieutenant général au bailliage de Vitry en 1484, et de Marguerite Noisette, était seigneur de Bierges. Les autres chanoines appartenaient à une branche cadette issue d'un oncle dudit Charles, qui fournit de nombreux membres au Chapitre de Châlons.

496.   1512

Sire Jean Poussin et Alizon sa femme qui cy devant veullent estre inhumez servant de cœur, la glorieuse dame l'ont fait asseoir telle que la voiez. Pries Dieu pour eux et pour tous trespassez que son cher fils de grâce les arrouze car ils l'ont faict de leurs biens amassez au mois d'août 1512.

Ecusson chargé d'un P fleuronné, la queue partagée en deux et chargée d'un croissant renversé, accompagné en flanc de deux étoiles. Jean à genoux, saint Jean derrière lui : Alizon agenouillée, saint Christophe derrière elle. — A Notre-Dame, au cimetière, près la porte du cloître, plaque de marbre au-dessus d'une Notre-Dame-de-Pitié en relief. Cité par Beaugier dans ses *Mémoires historiques*, Jean Poussin était marchand mercier, rue de Vaux, à l'enseigne : « Au fleuve Jourdain. »

497.   1513

Cy gist vénérable et discrète personne Jacques Pains (?) natif de Courtémont, chanoine de céans, qui décéda le.......... lan 1513. Priez Dieu pour luy.

Cathédrale. — Petite dalle en marbre noir au troisième pilier, nef, côté de l'Evangile. Ecu contenant un chiffre ; au-dessus : *Spes mea Deus*.

Courtémont, village du canton de Sainte-Ménehould.

498.   1514

Hic jacet venerabilis et discretus vir dominus Hugo Pariset hujus insignis ecclesiae Trinitatis Cathalaunensis canonicus ac rector parrochialis ecclesiae Sancti Martini de Courtisolium qui obiit anno Domini M.CCCCC.XIIII, die secunda mensis januarii.

Cathédrale.

199.   **1514**

Cy gist nobles personnes Nicolas Le Gorlier en son vivant l'un des eschevins de Chaalons qui décéda le 15° jour du mois de mars l'an de grâce ..... Et damoiselle Jeanne Le Gorlier vefve dudit Nicolas Le Gorlier qui trespassa...... Et Michel Le Gorlier qui décéda le 14° janvier 1681 aagé de 73 ans le 23 février lan 1514. Priez Dieu pour eux.

Ecusson portant une fasce accompagnée de trois merlettes. — Notre-Dame, au bas de la nef. Dalle de marbre élevée.

Cette inscription est absolument conforme au texte du manuscrit ; nous n'avons pas à faire remarquer les incohérences de dates, faute évidente du copiste.

200.   **1515***

Cy gist le corps de....... Chatif natif d....... en Espernois (?) en son vivant p^{re} chan. de ceste esglise, archid. de Vertus qui décéda le 9° novembre 1515. Priez Dieu pour luy.

Contre la chaire du prédicateur. — Saint-Alpin.

201.   **1518**

Cy gist honnorable homme Pasquier Brodier, maistre tailleur d'habits de ceste ville, qui décéda le 5ᵉ de may, et Nicole Michels sa femme en 1ʳᵉˢ nopces laquelle décéda le 5ᵉ may 1518. Priez Dieu pour leurs âmes.

Ecusson en losange, chargé de deux épées en sautoir, les pointes en bas, accostées de deux étoiles, une tête de Maure en pointe.

Saint-Alpin. — Dalle de marbre au neuvième pilier.

202.   1521

Cy gist Monsʳ Jacqs Lambesson licen. en decret, abbé de céans leql resigna.......

Toussaint. — Le défunt figuré crossé, la tête nue sur un coussin, sous une arcade où on lit : « In te Domine speravi non confund. in eternum. » Jacques Lambesson, abbé de Toussaint en 1498, mort en août 1521, résigna en 1520 en faveur de son neveu Claude Godet.

203.   1522

Cy gist mort tout estendu — Guillaume Brossart derrière ce mur — sa feme auprès de son costé.— Priez Dieu pour les trespassés. Il décéda en 1522.

Cette inscription était placée sous un bas-relief représentant un homme dans son tombeau et existait autrefois sous la tour de l'horloge de Notre-Dame.

204.   1524

Cy gist devant la fosse Saint-Alpin Margᵗᵗᵉ de Cheines femme d'honneste homme Nicolas Deu vivant bourgeois de Chaal^s^ laq^lle^ décéda le 27e jour de juin 1524. Et ledit Nicolas Deu gist en ce mesme lieu qui décéda le 10e jour de mars 1544. Priez Dieu pour eux. Et Jean Deu fils desdits Nicolas Deu et Marg^tte^ de Cheines qui décéda le 21e jour de juin 1555. Et aussy Louise Vaulboure près de ses père et mère, femme dudit Jean Deu, laq^lle^ décéda le 22e novembre 1587.

Deux écussons : 1° une croix ancrée ; 2° chevron accompagné de deux larges annelets (couronnes) en chef et en pointe, d'une patte de griffon ; sommé d'une étoile. — Saint-Alpin. — Dalle de marbre dans le mur, galerie de droite du chœur.

Lesdits défunts appartenaient à un rameau cadet de la famille Deu, dont le premier auteur est Sanche, qui figure dans l'assemblée des notables bourgeois réunis en 1375. — Branche de Vieux-Dampierre à laquelle appartenait Pierre, président au présidial, mort 1752 ; de Montdenoix ; de Malmy. Eteinte en 1882 en Antoinette Deu de Vieux-Dampierre, veuve de Félix de Barthélemy, ancien préfet, commandeur de la Légion-d'Honneur. — Maintenue de noblesse du 22 janvier 1719. D'argent au chevron d'azur, accompagné de trois pattes de griffon de sable : 2 et 1.

205.   **1524**

Cy gist Mre Pierre Blayer p^re^ natif de Chaalons, chapp. du St-Laict en l'église de céans et curé de Mignecour qui trespassa le jour de la Purification Nostre Dame 1524. Et Mre Gilbert Blayer, son frère, p^re chap. de la Croix en ladite esglise qui tresp. le 20° de mars 1537, lesquels ont fondé....

Nef, contre la porte allant à la place du cloître. — Cathédrale.

206. 1525

Cy gist Mre Jehan de Margival, chan. de céans, natif de Chateau-Thierri, petit-neveu dudit Gruyer qui trespassa le.... 1525. Priez Dieu.

Cathédrale. — Près la porte du parvis. — La famille de Margival avait au XVIe siècle la seigneurie de Salency, près de Noyon. (Voir au 1502.)

207. 1526

Cy gist vertueuse et discrète personne Mre Jean Antoine de Pinteville, prêtre.... chanoine de céans, sgr. de Montcets au ban de...., et Villers aux Corneilles qui décéda le 13e juin 1526. Priez Dieu pour luy.

Saint-Alpin. — Dalle de marbre dans le chœur, vers la porte du côté de l'Evangile. — Famille noble du Verdunois remontant à Colin de P., seigneur de Bussy, mort avant 1503 : branches de Cernon (encore existante), de la Mothe, de Vaugency, etc. Les barons de Cernon étaient maréchaux héréditaires de l'évêché. — D'argent au sautoir de sable, au lion d'or, brochant, armé et lampassé de gueules.

208.   **1527**

Cy gist honorable homme Jehan Robert en son vivant hostellain maistre de la maison de lescu de de Frances scéant en la rue Rancienne, lequel décéda le 21e jour du mois de décembre 1527. Priez Dieu pour luy.

A Notre-Dame, dans la muraille de la galerie, côté de l'Evangile, tombeau élevé en pierre. — Jean Robert légua sa maison à la fabrique de Notre-Dame à charge de divers legs pieux et notamment de distribuer aux pauvres le lendemain de Noël une « donnée de pain » de 60 sols. C'est à sa libéralité et à celle de Jeanne, sa femme, qu'est dû le vitrail de la Passion, où sont représentés les deux donateurs (1526).

209.   **153..**

Cy gist ven. et disc. pers. Mre Jehan le Cousin p^{re} natif de Châlons et chan. de céans qui trespassa le VIIe jour d'aoust 153.. Priez pour luy. — *Au dedans de l'inscription:* Jacques Le Gorlier p^{re} arch^{re} de Joinville, chan. de céans curé de Lespine qui décéda le XXVIII de mars 1528. Priez pour luy.

Deux écussons : l'un portant une bande chargée de trois alérions ; l'autre une face accompagnée de trois merlettes (Le Gorlier). — Cathédrale.

210. 1530

Cy gist vénérable et discrète personne M⁰ Jacques Le Folmarié, prebtre, licencié ès lois chanoine de céans et de la Trinité, vidame de Châlons, seigneur de.... qui trespassa le 20ᵉ jour de juin 1530.

Dalle en marbre noir, aux quatre coins les symboles des évangélistes : écu chargé d'un aigle éployé, avec une devise au-dessus : « Miserere mei Domine. » — Devant l'autel Saint-Joseph. Cathédrale. — Guillaume Le Folmarié était, en 1420, lieutenant du capitaine royal à Châlons. Quentin, son arrière-petit-fils, vidame en 1515 et seigneur d'Avize, fut le père du chanoine. — Maintenue du 2 janvier 1518.

211. 1531

Cy gist honorable homme Louis de Campy en son vivant tailleur d'ymages demeurant en ceste ville qui trespassa l'an 1531 le 28ᵉ jour d'octobre. Priez pour luy.

A Notre-Dame, au cimetière vers la porte du cloître, sous un crucifix sculpté en relief.

212. 1531*

Cy gist reverend père en Dieu Pierre Lanisson en son vivant evesque de Calcédoine, abbé de céans suffragat de monseigneur l'archevesque de

Reims qui en son teps feist plusz reparation et trespassa le 11° de mars M.V.XXXI. Pêz põʳ luy.

Notre-Dame. — Sous un dais très-orné, un abbé mitré, crossé, avec chasuble, gants auxquels pend une pierre taillée en bouton ; les pieds sur un lévrier, la tête sur un coussin. — Pierre Lanisson fut élu unanimement abbé de Saint-Pierre-au-Mont, le 13 décembre 1500 ; en 1518, il fut chargé de présider à la dédicace de l'église de l'abbaye de Hautvillers. Il s'employa à agrandir l'église de son monastère ; construisit un logis abbatial démoli en 1627, et donna de riches ornements : six chappes, une chasuble, un devant d'autel en drap d'or ; une croix et des reliquaires en argent ; des buirettes en vermeil ; des tapisseries de chœur avec son chiffre et l'anagramme de son nom ; deux grosses cloches, etc.

243. 1531*

Cy gist Mʳᵉ Paquis Dolbel, natif de Landes, (1) diocèse de Baïeux, pᵗʳᵉ bachʳ en théologie, chanoine.... théologal de ceans qui trespassa le XVIII° jour de novembre 1531. Priez pour luy. — Au centre de la dalle : « Pars mea Deus : ps. 72. »

244. 1534

Hic jacet recolendae memoriæ reverendus in Christo pater et nobilis Dominus Aegidius de Luxembourg, quondam episcopus et comes Cata-

---

(1) Canton de Villers-Boccage (Calvados).

launensis et par Franciae, qui post complementum laudabilis vitae multa reliquit pauperibus eroganda, completoque sui episcopatus 81 anno, IV idus februarii 1534 diem suum clausit extremum. Requiescat in pace.

Cathédrale. — A gauche dans le chœur. — Gilles de Luxembourg, doyen du chapitre, élu le 20 novembre 1503.

245.   1537.

Cy gist venerable et discrète personne maistre Noël Colet p^rt en son vivant chanoine de l'église de céans... qui trespassa le IXe jour du moys de novembre lan 1537. Priez Dieu pour luy et pour les trespassés.

Cathédrale. — Sur une dalle un écusson effacé avec cette prière sur une banderolle : *Miserere mei Domine.* Ecu portant un chevron, acc. de trois étoiles, celle de la pointe surmontée d'un annelet.

246.   1538

Cy gist ven. et prud. Mre Jehan Guin p^re iadis chan. de céans et curé de Peiss., qui décéda le XXIe jour de mars 1538. Priez Dieu.

Aux angles, écusson chargé de trois poissons, l'un passant, les autres contre-passant. — Cathédrale.

247.   1538

Cy gist ven. et disc. pers. M. Jehan F.. bri natif de Harneville sur la...(?) diocèse de Constance, en son vivant chan. de céans, qui trespassa le V nov. 1538. Priez Dieu.

Aux angles, écusson portant un lion accompagné de trois roses. — Cathédrale.

248.   1540

Cy gist vénérable et discrète personne Mre Charles Cuissotte, doyen et chanoine de céans, seig^r de Bierges et Voulzy qui trespassa lan de grâce 1540. Priez Dieu pour luy.

Deux écus : 1° chevron accompagné de trois besans; 2° bande chargée de trois alérions. — Porte du côté de l'Evangile. — Cathédrale. — Robert Cuissotte vivait à Châlons en 1400, issu, dit-on, par sa mère des seigneurs de Dormans. Charles était fils de Nicolas, seigneur de Gizaucourt, lieutenant général au bailliage de Vitry en 1484. — Ecartelé d'or à la bande d'azur, chargée de trois alerions d'argent, et de gueules à l'aigle d'or ; sur le tout d'azur au chevron d'argent, accompagné de trois besans d'or.

249.   1540

Cy gist ven. et disc. pers. Mre Pierre Didier Guarin, en son vivant p^{re} natif de Senard (1) au

(1) Actuellement, Meuse, canton de Triaucourt.

diocèse de Chaal., chan. de céans, qui trespassa le XIIII° aoust 1540. Priez pour lame de luy.

Ecu portant un chevron brisé accompagné de trois bourdons. — Cathédrale.

220.   1543

Hic jacet dis. et ven. Mre Nicol. de Bussy presb^er et canon. hujus eccle. qui obiit anno dni 1543, 7 april

Aux coins écu chargé de deux épées en sautoir, les pointes en bas, accompagnées en pointe d'une gerbe.
Cathédrale. — Dans la chapelle derrière le grand autel.

221.   1544*

Ci gist Jacques de Karquesay escuyer seigneur de Kaigomarch de la Basse Bretaigne, fils de Jehan Karqsay et de Jeanne de Qlen qui trespassa le 26° jour de juillet 1544. Priez Dieu pour l'âme de luy.

Cathédrale. — Effigie du défunt en armes, sous une arcade plein-cintre et pilastres cannelés. Aux angles, écusson chargé de trois croissants. — Cette tombe était anciennement aux Cordeliers.

222.   1544*

Ci gist M. Francoy.... garde des sceaux de France q^i décéda en ceste ville de Chaal. ou il estoit venu avec feu mons' lamiral Donnebault pour traicter la paix entre le roy Françoys premier du nom et lempereur Charles V.

Cathédrale. — Aucun ornement sur la dalle. — François Errault, chevalier, seigneur de Chemans en Anjou, conseiller au Parlement de Paris en 1532; président du Parlement de Turin après la conquête du Piémont, maître des requêtes en 1541, garde des sceaux après la mort de M. de Montholon, le 12 juin 1543, pendant le procès criminel du chancelier Poyet. Il mourut le 3 septembre 1544, étant à Châlons avec l'amiral pour les préliminaires qui aboutirent au traité de Crépy.

223.   1545

Cy devant gist honneste homme Jean Barbier dit Picard natif de Cuz en Picardie, marchand demeurant à Chaalons qui décéda le 19° avril 1545, et Jeanne Javois, femme dudit Jean Barbier qui décéda en 1565. Priez Dieu pour eux.

A Notre-Dame, au cimetière, vers la porte du cloître.

224.   1545.

Cy gist D^{lle} Perrette Douay (?) femme de noble homme Nicolas de Bar, marchand demeurant à Chaalons et eschevin, qui trespassa .... l'an de grâce 1622. Priez Dieu pour elle. Et ledit noble homme Nicolas de Bar qui trespassa le 29° jour de juillet 1545 (*sic*). Priez Dieu pour luy. Et noble homme Nicolas de Bar, bourgeois de Chaalons, frère dudit Nicolas qui décéda le 23e de novembre 1590. Priez Dieu pour luy. Et noble homme Jacques Chastillon demeurant à Chaalons qui décéda le 29 septembre 1608 (1).

Nous avons trouvé un acte de Nicolas de Bar, en 1576, tuteur des enfants Jacques de Châtillon et de Perette de Bar. — Famille maintenue par Caumartin comme noble depuis 1496. — Saint-Alpin, dalle de marbre sous les orgues.

D'argent à la fasce de sable, accompagnée de trois lozanges de gueules rangées en chef. Nous croyons qu'il y avait aussi à Châlons une famille roturière de ce nom, à moins que ce ne soit plutôt une branche tombée en roture.

225. 1546

Cy gist Mre Albéric Pellu, pbtre, chanoine de Notre-Dame en Vaux qui trespassa le 11e jour de febv. 1546. Priez Dieu pour luy.

Dalle de marbre noir avec les symboles des Evangélistes aux angles. Nef, troisième pilier du bas-côté, côté de de l'Evangile. — Notre-Dame.

226. 1548

Cy gist noble homme Brichet Loré, bourgeois de Chaalons qui décéda le 16e janvier 1548 et damlle Claude Loré . . . . et noble homme Jean de Pinteville, sr de Montcetz, Villers-aux-

(1) Gouverneur municipal en 1582.

Corneilles en partie, grenetier du roy au magasin à sel de Chaalons, et Marguerite Loré vefve de honorable homme....... bourgeois de Chaalons, vefve de ladite Claude Loré, qui décéda le XIIIe nov. 1608. Priez Dieu pour elle. Et dam^{lle} Jeanne Racine, fille de feu Nicolas Racine et dame Loré, décédée fille aagée de 48 ans, le 24 may 1645.

Michel Loré était receveur de ville en 1550. — On trouve Jean de Pinteville, écuyer, seigneur de Montcets, Villers, Les Istres, Bury, etc., né le 9 novembre 1533, marié le 6 mai 1560, à Marie Roussel, fille de Robert, seigneur de Blacy et de Edeline Lombart, mort le 2 avril 1605. — Deux écus en cartouche, l'un chargé d'un chevron accompagné de trois grappes de raisin ; — l'autre une croix chargée de cinq coquilles. — Notre-Dame, dans la nef, vers les orgues.

227.   **1550**

Cy gist Jeanne Lesrailler, veufve de Pierre Lequeux et Jeanne Lequeux, leur fille, qui décédèrent le 7 juillet 1550 et 29 juillet 1587.

Cathédrale. — En 1635, on trouve Marie Lesraillier, veuve de Edme Baugier, écuyer, dame de Lozeroy à Vésigneul.

228.   **1552**

Cy devant gist honorable homme Nicolas Prévost marchand dem^t à Chaalons qui décéda le 9 février 1568. Et Nicole Escoutin, sa femme, le

17e janvier 1552. Et Claude Prévost, leur filz le 22e juillet 1552. Et Marguerite Itam, sa femme, le 3e janvier 1607. Et Joachim Arnoult, procureur au siège de Chaalons le 12e de juillet 1574.

Deux écussons, l'un chargé d'une tour accompagnée de trois étoiles ; l'autre portant un fer de moulin accosté de deux épées, surmonté d'un lambel. — Notre-Dame. Dalle en pierre élevée dans la muraille du chœur du côté de l'Epître. — La famille Ecoutin est une des plus anciennes de Châlons. On trouve son nom dans la liste de taille dressée en 1418. Marguerite Itam devait être la fille de noble Pierre Itam, receveur des consignations à Châlons, puis Elu à Vitry, mort le 16 mars 1597, et de Catherine Dubois, qu'il avait épousée le 29 novembre 1538. Il a été enterré à Notre-Dame.

229.   **1552**

Cy gist venérable et discrète personne Guy Gruyer, chanoine de céans....... qui trespassa le 13e jour de juillet 1552. Priez Dieu pour luy.

Ecu chargé de trois têtes de Maure. — Cathédrale. Vers la porte du chœur du côté de l'Epître. — A rapprocher de la tombe Margival, en 1525. Jean Gruyer, bailli de Châlons, fut reconnu noble par lettres royales du 5 mai 1495 ; il avait d'abord été Elu à Château-Thierry. Guy était son petit-fils, fils de Jean, seigneur de Nuisement, également bailli de Châlons et de Jeanne Braux. — D'argent à trois têtes de Maure de sable, tortillées d'argent : 2 et 1.

230.   **1552**

Cy gist honble personne Jehan Gillet, sergent royal en l'Election de Chaalons qui trespassa le XVII° jour d'apvril M.V.LII et .... Marie, sa femme qui trespassa le IX° jour de juing M.V.LIII. — (Au milieu) : et Jehan Gillet leur fils qui trespassa le XI° jo' de juillet M.V.LX. Et aussy Michielle leur fille, qui décéda le XIII de feb' M.V.LXII. Priez Dieu pour lame des trespassés.

Ecusson martelé. — Notre-Dame.

231.   **1553**

Cy devant g. damoiselle Marguerite Marguin en son vivant femme de noble et prudent homme Louis de la Vefve, jadis advocat général pour le roy nostre sire au bailliage de Vitry, lesquels ont fondé le salut de *gaude Maria* pour estre dict chanté en l'église de céans chacun la vigile Nostre-Dame en mars à toujours perpétuellement ; décéda de ce monde la dicte damoiselle le 10° jour de mars 1553. Priez Dieu pour elle.

Deux écussons : l'un portant deux épées en sautoir, les pointes en bas, accompagnées d'une étoile en chef ; l'autre portant une rencontre de bœuf avec un anneau passé dans le naseau. — A Notre-Dame, sur le sixième pilier, côté de l'Evangile. Tombeau élevé de cuivre. — La Vefve, famille maintenue par Caumartin, ayant les seigneuries de Meixtiercelin et Somsois. — D'argent à la tête de bufle de gueules, bouclée de sable, surmontée d'une étoile de gueules.

232.   **1564***

Cy devant gissent nobles personnes Claude Aubelin, seigneur de Faux sur Coole, bourgeois et l'un des con^{ers} de ceste ville de Chaalons, natif de la ville d'Esparnay, qui décéda le 6e jour de mars 1564. Et damoiselle Perrette Grossayne, sa femme, native de la ville de Reims laquelle est décédée le 19e avril 1577. Et Me Jean Aubelin, leur fils, licencié ès loix, s^r dudit Faux et de Voulzy, prévost pour le roy en la prévosté de Compertrix exercée audit Chaalons et bailly du Chapître dudit Chaalons, qui décéda le 6e aoust 1591. Et Jacques Aubelin, son fils s^r dudit Voulzy lequel décéda le 16e aoust 1592. Et Me Jean Debar, greffier en chef en l'eslection de Chaal. qui décéda le 16e aoust 1596. Et damoiselle Jacquette Aubelin, femme dudit Debar, 13e décembre 1597. Et damoiselle Magdelaine Debar, femme d'honorable homme Claude le Chaulve, bourgeois de Chaalons, fille des susdits Debar et Aubelin, qui décéda le 18 mars 1619.

Deux écussons : 1° portant un chevron accompagné de deux étoiles et d'un massacre (Aubelin) ; 2° d'azur à deux épées d'argent en sautoir. — Saint-Alpin. Dalle de marbre, deuxième pilier, dans le mur, côté droit du chœur. — Claude Aubelin, marguiller de Saint-Alpin en 1540 et petit-fils de Pierre et d'Isabelle Le Cerf, était fils puîné de Pierre, seigneur de Voulzy, bailli d'Epernay, et de Marie de Paris dame de Faux. Sa femme dame de Chaumuzy.

233.   1556*

Cy gist noble homme Jean Brichot qui trespassa le premier jour de juillet 1556 et damoiselle Magdeleine Aubry, sa femme, qui trespassa le XIIe jour de juin 1557.

Cy gist noble homme Nicolas Brichot, bourgeois de Chaalons et capitaine du jardin des harquebusiers de ceste ville, fils dudict deffunt Jean Brichot et de défunte Aubry, qui décéda le XXXe jour d'octobre 1599. Et Abdenago Brichot, son fils et de damoiselle Catherine Billet qui décéda le 22e novembre...... Et aussy dam^{lle} Marie Brichot fille dudit Nicolas Brichot née l'an de grâce 1512 et décédée à l'âge de 67 ans, le .....

Dne fac nobis misericordiam secundum multitudinem miserationum tuarum.

Deux écussons : 1° un rateau en pal accosté à dextre d'une croix latine, et à senestre d'une gerbe ; 2° (lozange) parti : 1° d'un cygne couronné ; 2° de ci-dessus. — Saint-Alpin, dalle de marbre dans la chapelle Saint-Claude. — Nicolas Brichot était en 1560 et 1571 capitaine en chef de l'arquebuse. — Catherine Billet était fille de Claude Billet, gouverneur municipal en 1561, qui prit une part active au mouvement protestant à Châlons, et fut décrété par arrêt du 22 avril 1564 pour prise d'armes. D'azur au chevron accompagné de deux moulinets et une épée en pal, le tout d'or. — Aubry, famille ancienne de Sainte-Ménehould : Pierre Braux, écuyer, seigneur de Dommartin-la-Planchette, bois de Florent et l'étang de Rupt, épousait en 1449 Marie Aubry, fille de Jean et de Marguerite Le Roy.

Sur la même tombe : Cy gist noble homme Jehan Brichot, qui trespassa le 1er jour de juillet 1556, et dam^{elle} Madeleine Aubry, sa femme, qui trespassa le XIIe jour de juin 1557.

234.   1557.

Cy gist vén. et disc. pers. Mre Jean Aubertin, bachel. ès decrets, chan. de céans, natif de Sainte Manehould, et curé dudit lieu et Saint Martin à Courtisols, qui décéda le 17e février 1557. Priez Dieu pour luy.

Ecu portant un lion rampant sur une palme ; autour : « *In refrigerium transivimus per ignem et aquam et duxisti nos.* »

A la suite :

Et Mre Jean Baudelot aussi p^{re} chantre et chan. de céans, natif de Vallemy, qui décéda le 6e d'aoust 1565. Priez Dieu pour luy.

Ecu : chevron accompagné de deux étoiles et, en pointe, un lion. — Près la porte de la nouvelle sacristie, à Notre-Dame. — Aubertin, ancienne famille de Sainte-Ménehould.

235.   **1557.**

Cy gisent noble homme Guillaume Godet, licencié ès lois, en son vivant seig^r en partie de Pharémont en Pertoys, qui trespassa le 22 juillet 1557.

Jacques Godet, son fils s^r en partie de Pharémont, receveur g^l des........ et forests de Bourgogne.

Jacques Godet, fils dudict, décéda le 6 décembre 1596.

Jean Godet, fils de Jacques, décéda le 3 mai 1599.

Jacques Godet, fils de Jean, mort le .. septembre 1650.

Notre-Dame. — Chapelle des fonts. Dalle brisée. — Guillaume, conseiller de ville, marié à Emonde Morel; Jacques élu à Châlons, marié à Antoinette Linage, fille du s^r de Jonchery; Jacques, capitaine d'une compagnie entretenue à Châlons en 1589, marié à Suzanne Billet; Jean, major du régiment Castelmoron, mariée à Olive de Mouchy; Jacques, capitaine de cavalerie, marié à Jeanne Le Grand; Claude ne se maria pas et n'eut qu'une sœur aussi sans alliance. Guillaume était fils puîné de Philbert Godet et de Jeanne Lambesson, qui mourut le 27 février 1522 et avait été aussi enseveli à Notre-Dame. Sa mère Jeanne de Chavasson, était nièce du cardinal La Balluc, et l'on attribue à la condamnation de ce prélat la détermination de MM. Godet à quitter leur province pour venir en Champagne. Leur descendance a formé de nombreuses branches, dont les membres ont occupé des charges importantes et contracté des alliances les plus considérables. D'azur au chevron, accompagné de 3 pommes de pin d'or.

237. 1557

Cy gist maistre Nicole Maillard prebtre natif de Soublaines, diocèse de Troyes, archidiacre d'Astenay, et chanoine en l'église de céans, curé de Pancey (1) diocèse de Toul, qui trespassa le 13° du mois d'octobre 1557. Priez Dieu pour luy.

La dalle représente, sous une arcade trilobée, un prêtre revêtu d'une aumusse et tenant un calice; un agneau à ses pieds; aux quatre coins, les symboles des Evangélistes. Ecu portant un chevron accompagné de trois maillets. — Saint-Alpin.

238. 1557

Cy gist frère Jacques Le Grand religieux de Toussaincts et prieur de Viaix . . . . . (2) à l'église de céans décéda le tiers jo^r de janvier M.V.LVII. Et frère Jacques Montpetit, nepveu dudit Legrand et frère Jacques Roland, chanoines réguliers de céans, aagés chacun de 20 ans qui décédèrent le dernier jour de febvrier 1640.

Cette seconde inscription au milieu de la dalle.
Ecus aux angles. On distingue sur l'un d'eux une ancre. — Notre-Dame.

(1) Haute-Marne.
(2) Vienne-la-Ville, prieuré de l'abbaye.

239.   1557

Cy gist maistre Hugues de Champaigne, en son vivant escuier, sr de Varymont et de Beneuvres, conseiller du roy et receveur général de ses finances en Champagne estably à Chaalons, lequel trespassa le 27° jour de juin..... Priez Dieu pour son âme. Et damoiselle Nicolle Lesbure (Lefebvre ?), en son vivant femme dudit M° Hugues de Champaigne, laquelle trespassa le 20° jour de novembre 1557. Priez Dieu pour son âme. Aussy noble homme maistre Guillaume de Champaigne, leur fils, escuier, sr de Varymont et recepveur général des décimes qui décéda le 20° jour de janvier 1587. Et damoiselle Françoise Rochereau qui décéda le 13° jour d'aoust 1572. Priez Dieu pour eux. Laus Deo.

Deux écus : 1° chargé d'un lion ; 2° parti d'un lion et d'un cygne. — Saint-Alpin. Dalle de marbre à la muraille dans la chapelle de la Transfiguration.— Guillaume de Champagne, seigneur de Saint-Mard, Varimont, Morsains, Léchelle, etc., fut capitaine royal de Châlons de 1580 à 1595, date de la suppression de la charge. — D'azur à la bande d'argent cotoyée de deux cotices potencées et contrepotencées d'or, de 13 pièces. (Maintenue de Caumartin). La famille Rochereau était de Châlons, et Louis fut gouverneur municipal en 1645. D'azur à la herse aux pieds fichés d'or.

240. 1558

Cy gist ven. et discr. pers. M^res Nicolas Baudesson, p^ro licencié et demi-chan. de céans qui décéda le XXII du mois de sept. M.V.LVII. Priez pour luy.

Cathédrale. — Aux coins un écu portant deux oiseaux l'un près de l'autre.

241. 1558

Hic jacet vener. et disc. vir Me Nicolas Lanisson p^er in jure cano. licent. thesaur. et can. hujus eccle, reverendorum Roberti cardinalis et Philippi de Lenoncourt eporum Cathal. vicarius gnalis qui obiit anno dni 1558. 17 aug. 1558. Orate pro eo.

Cathédrale.

242. 1558*

Cy gist noble homme Jean Lallemant recepveur des fiefs de Vineville qui décéda le 12e septembre 1558. Priez Dieu povr lvy. — Et dame Andriette Lallemant, fille dudit Jean Lallemant et femme de noble homme Jean Lore, bourgeois et recepveur des deniers communs de Chaalons qui décéda le 30e de mars 1596, aagée de 62 ans. Et dam^elle Anne Lallemant en son vivant femme de feu honorable homme Charles Gruyer bourgeois dudict Chaalons, laquelle décéda le 30ᵉ octobre 1609 aagée de 85 ans.

Ecusson en cartouche chargé d'un chevron accompagné en chef de deux étoiles et en pointe d'un oiseau éployé. — A Notre-Dame, sous les orgues. Dalle de marbre.— Michel Loré était receveur de la ville en 1530. — Il y avait à Châlons deux familles Lallemant parfaitement distinctes : l'une des Lallement de Lettrée ; l'autre, à laquelle appartenaient les susdits défunts, avait pour auteurs de riches tanneurs demeurant au xvᵉ siècle sur la paroisse Saint-Sulpice où se trouvaient de nombreux tombeaux de cette famille. André, chef de la branche de Châlons, devint président du présidial en 1639. Une autre branche se forma par Toussaint, seigneur de To gny, anobli le 1ᵉʳ mars 1562, et ses descendants, encor existants, devinrent comtes de Betz et de Lévignan. — D'azur au lion d'or.

243. **1559**

D. O. M. Ad piam memoriam D. Claudii Godetii cœnobiarchæ et multa religione viri. Ipse quod Rogerus secundus Cathal. episcopus, agrum in urbis suburbiis emens templum Domino, basilicam Omnium sanctorum, sepulcrum sibi ac piis fratribus, cœnobium extruxerat, posuerat, sacraverat, ditaverat anno Christi sexagesimo secundo supra millesimum, quæque ab extremo orbis angulo hostis ingruens britannus ferro et igne destruxerat diripuerat, profanaverat anno 1359. Mamertius abbas ex..... et ruderibus restituerat, quæque denuo Franciscus primus rex imminente et irruente in Gallis Carolo quinto Cœsare solo jusserat adœquari; denuo 1544 ipse, inquam, Claudius Godetius rudera in urbem transfert, agrum a privatis redimit, multam alienæ calcis et longe petiti lapidis et ligni materiam parat, templum, basilicam, sepulcrum, cœnobium a fundamentis extruit, ponit, ditat, sacrat, auget, ossa et majorum reliquias, unde primum sepulta, ne quis violet in urbem reportat, novo novi sepulcri, honore revelata revereretur, condit, litat, cui tandem D. Antonius Trussonius successor sepulcrum et piæ memoriæ posuit monumentum anno 1559.

Fils de Claude et de Jeanne Lambesson; il succéda, en 1521, à son oncle Lambesson. Mort en mars 1559 (*Gall. Christ.*)

244. **1559**

Cy gist Nicolas Clément, écuyer, licencié ès lois bailli de Chaalons et président du conseil qui décéda le 20 juin 1559.

Cy gist Jacques Clément, écuyer, licencié ès lois, seigr de Lespine, Melette et Pignolette, bailli de Chaalons et président du conseil, qui décéda le 12e janvier 1588.

Aux Cordeliers. — Nicolas épousa en 1515 Marie d'Aoust; Jacques, son second fils, acheta Melette en 1565 pour 6.700 livres. Il fut d'abord bailli de l'abbaye de Beaulieu et épousa en, 1562, Marie Domyné, veuve de

Louis Godet, seigneur de Tilloy. — A noter ce seul exemple d'un bailli auquel on donne le titre de président du conseil, comme en ayant la charge à la place de l'évêque. — D'or à 2 cornets de chasse de sable, posés de face, accompagnés en chef d'une étoile et en pointe d'une rose, de gueules.

245. 1559*

Cy devant gissent nobles personnes Guillaume et Jean Alfeston, père et fils, bourgeois de Chaalons, qui décédèrent, le premier le 20 janvier 1578 et son dit fils le 4 septembre 1596. Et Jacqueline Novice natifve de Reims, femme dudict Guillaume qui décéda le 28 feb^{er} 1559. Et Perrette Colle. femme dudict Jean, qui décéda le 24° octobre 1614. Et damoiselle Marie d'Alfeston, leur fille, femme de M° René Tartier notaire, laquelle décéda le 25° jour de may 1601.

Saint-Alpin. — Dalle en marbre au huitième pilier, côté de l'Evangile.

Jean Elphinston, homme d'armes des archers écossais en 1490, se maria à Châlons et s'y fixa sans doute à la suite de quelque aventure, car il appartenait à cette illustre maison d'Angleterre, encore existante et avait pour frère William, évêque d'Aberdeen. Il laissa plusieurs enfants qui prirent le nom altéré d'Alfeston. Pierre Alfeston exerça la charge de bailli de Châlons de 1607 à 1622. Le chef de la famille siège actuellement à la Chambre des lords. — D'argent au chevron de sable, accompagné de trois hures de sanglier de gueules.

246. 1559.

Cy gist vénérable et discrète personne Louis Bechefert, archidiacre de Joinville.....

Mort le 4 août 1559. — Cathédrale.

247. 1559

Cy gist Mre Pierre Mandot, p{re} natif de Chaalons et chappelain de céans qui trespassa l'an 1559.

Ecu portant un chevron accompagné de trois feuilles. — Cathédrale.

248. 1561

Cy gist vénérable et discrète personne Franç. de Combles, chan. théolog. archid. de Vertus, chanoine de céans et de la Trinité, prieur commanditaire de Rigencourt, diocèse de (1)........ qui tresp.....

Devant la porte du chœur. — Cathédrale (postérieurement à 1560).

249. 1561*

Cy gist noble homme Didier Noel marchand et laboureur dem. à Chaalons q. tpassa M.D.LXII. Et Claude Babete femme de Didier Noel quy trespassa le XXIXe juillet mil cinq cens LXI.

Autour de la tombe :

(1) Rizaucourt (Haute-Marne).

Cy gisent desoub cette tombe les corps de
Didier, vivant md bourac° quy décéda le 8 juin
1679 et Perette Menon sa feme petite fille de feu
Didier Noel laquelle décéda le 26° may 1676 Priez
pour le repos de leurs ames.

Saint-Loup. — Représentation des deux défunts en
pied : le mari en surcot à manches ouvertes descendant
aux genoux ; la femme avec coiffe, tablier et chapelet
entourant la ceinture. Portique Renaissance.

250. **1562**

Cy gist damoiselle Alpine............ en son
vivant dame en partie de Moncetz et de la rivière
de Mutigny, femme de noble homme Nicolas Le
Moine laquelle décéda le 18° jour d'aoust 1562.
Priez Dieu pour elle. Et dam^{elle} Anne Le Moine,
petite fille de la ditte, femme de Claude Félix le
Jeune huissier royal, qui décéda le 10° may 1620.
Priez pour elle. Et honorable homme Jacques
Mabin, vivant bourgeois de Chaal., qui décéda
aagé de 64 ans, le 29° octobre 1654. Et damoiselle
Nicolle Le Moine, sa femme qui décéda le.......

Aux quatre coins de la dalle de marbre, quatre écussons alternés dans des cartouches : 1° un fer de moulin accompagné de deux épis de blé ; au chef chargé d'une coquille accostée de deux trèfles (1) ; 2° (en

(1) Armes des Le Moyne : d'argent à la bande de gueules accompagnée de trois mouchetures d'hermines en chef, et en pointe d'un fer de moulin de sable accosté de deux épis de bled au naturel.

losange), un chevron surmonté d'une croix soutenant deux oiseaux affrontés et accompagné en pointe d'un croissant surmonté d'une étoile. — A Notre-Dame, au cimetière, près la porte du saint sépulcre. — La seigneurie de Montcetz appartenait dès le xv⁰ siècle à une branche de la famille de Pinteville; à la même époque la famille Le Moyne y possédait une part au ban dit des écuyers, et M. Le Gorlier la seigneurie des dîmes. En 1597, le fief de la rivière de Mutigny appartenait à Jean Morillon, lieutenant du bailli de Vermandois à Chaalons, pour partie avec Claude Le Moyne.

251.   1563

Cy gist honnorable homme Guillaume Le Tartier en son vivant marchand dem' à Chaalons, qui décéda le 18⁰ jour d'aoust 1553. Priez Dieu pour les trespassés.

Ecusson portant trois bandes. — Saint-Alpin, dalle de marbre dans la galerie à droite du chœur, près l'autel de la Vierge. — Ancienne famille châlonnaise. Nicolas seigneur de Gigguon était en 1697 président trésorier de France : de gueules au besant d'or, au chef d'or chargé de trois molettes de sable (Armorial d'Hozier, 1698).

252.   1563

Cy gist ven. et disc. pers. Mʳᵉ Claude Godet, pʳᵉ doyen et chan. de céans...... ... garde des sceaux et contracts de ceste ville, qui décéda le XXIII............ M.V.LXIII. Et Mᵉ Jacques Godet pre chan. de céans, sgr de Saint-Hilairemont qui décéda le 15 avril 1639.

Ecu chargé d'un chevron accompagné de trois pommes de pin. Jacques, chanoine, et Pierre, avocat, figurent comme seigneurs de Breuvery en 1635. Charles, seigneur de Renneville, dont il fit construire le château, était fils de Jean, receveur des aides à Châlons et de Marg. de Paris, dame de Renneville ; entré dans les ordres en 1525, il fut élu doyen en 1550, et rebâtit à ses frais le cloître du Chapitre.

253.   **1567**

Cy devant gist honnorable homme Pierre Lasson, marchand bourgeois de Chaalons, qui décéda le 15e septembre 1567 et damoiselle Jeanne de Hasin, sa femme qui décéda le 12e dudit mois 1606.

> Ils n'avaient pour trésor plus beau
> Que de Dieu l'amour et la crainte,
> Car sa loy dans leurs cœurs empreinte
> Ils ont gardé jusques au tombeau.

Deux écussons : l'un portant deux épées en sautoir, la pointe en bas, accompagnées en pointe d'une tête de Maure ; l'autre parti 1° de trois léopards passant l'un sur l'autre ; 2° une demie tour en abime. — Saint-Alpin. Dalle de marbre sur le second pilier du chœur, du côté de l'Evangile. — On trouve Claude Lasson, veuve avant 1599 de Pierre Deu, écuyer, et Claude, conseiller du roi, assesseur en la maréchaussée en 1606.

254. **1571**

Cy gist ven. et disc. pers. Mre Franc. Noel p^re chan. de... de Soissons qui trespassa le 23° octobre 1571.

Cy gist Mre Jehan Aubertin, natif de....... près Joinville (?) en son vivant chan. de céans, qui décéda le 23° de septembre M.VI.XVI. Priez..... Et ven. et disc. pers. Mre Nicolas de la Hames p^re chan. delad. egl. qui décéda le 20 janvier 1630. Priez. Et ven. et disc. pers. Mre Claude Perrin, p^r chan. et doyen de ceste egl. et neveu dudit de la Hames lequel après son trespas accomply a laissé la.... ^me de ses biens à la fabrique de ladite egl. et est décédé le 25 avril 1665.

Claude Perrin succéda en 1658 à Nicolas Cuissotte de Gizaucourt.

255. **1572**

Cy devant gist dam^lle Catherine Perouse, en son vivant femme de Guillaume Chapellain, sergent royal, laquelle décéda le 22° de mars 1572. Priez Dieu pour elle. Et dam^lle Loyse La Perouse (*sic*) viv^t femme d'honorable homme Pierre Parjouet, bourgeois de Chaalons, qui décéda le 28° d'octobre 1594......... Et led. Parjouet décéda le 25 juin 1598, et ledit Claude Parjouet leur fils qui décéda le 6° jour de mars 1609. Priez Dieu pour eux. Et honnorable homme Claude Parjouet fils qui décéda le 1er d'octobre 1624.

> Repceu lors je seray dans le céleste lieu
> Quant paroistra ta gloire, o mon sauveur, mon Dieu.

Deux écussons : 1° une croix chargée de cinq coquilles; 2° un chevron accompagné en chef de deux palmes et en pointe d'une tête de Maure. — Parjouet, famille de tanneurs de Châlons au XVIe siècle. — Saint-Alpin.

256.   **1572***

Cy devant gist noble homme Nicolas Hennequin procureur des aydes et tailles en l'eslection et .... de Chaalons, qui décéda le 24 mars 1572 (1). Et d^{elle} Marguerite Dommangin, sa femme laquelle décéda le 6 avril 1609. Noble homme Nicolas Hennequin, leur fils, bourgeois de Chaalons, qui décéda le 11e avril 1630 (2). D^{elle} Claude Horguelin, sa femme, qui décéda le 13e aoust 1597 et D^{elle} Perette Oulry, sa femme en 2es nopces qui décéda le 24e mars 1621. Noble homme Pierre Horguelin sr de Breuvery et de Marson en partie,

---

(1) Mentionné dans la Généalogie de d'Hozier comme écuyer et receveur des tailles à Châlons, mariée en 1560 à Marguerite Dommangin, fille de Pierre, bourgeois de Châlons et de Jeanne Langault. Il était en effet arrière-petit-fils de Gérard Hennequin, seigneur des Allonneaux, fils puîné du seigneur de Lantage, de la famille Hennequin, de Troyes.

(2) Il se maria en 1585 et est indiqué dans la Généalogie comme seigneur en partie de Cramant; il avait dérogé en faisant le commerce. Sa femme était fille de Pierre et de Marie de Chastillon; sa seconde femme était fille de Michel Oulry et de Perette Brissier.

qui décéda le 30ᵉ juillet 1624 et D^olle Godet, sa femme qui décéda le 6ᵉ aoust 1657. Priez Dieu pour leurs âmes.

Saint-Alpin. Dalle de marbre.

257. 1572

Cy devant gist Jacques du Courtils escuier, sʳ de Thougny, gendarme de la compagnie de Monsʳ le duc de Loraine lequel aagé de 35 ans décéda le 21ᵉ apvril 1572. Et Jacques du Courtil, filz du dessus dict, escuier, sʳ de Faremont, dudit Thougny et de Brusson, cap^ne d'une compagnie de gens de pied tenant garnison pour le service du roy en ceste ville de Chaalons, lequel aagé de 28 ans décéda le 7 juin 1576. Et dam^elle Marie de l'Hospital fille de.......... escuier, sʳ de Castel, cap^ne à Chaal., femme dudict deffunt escuier, sʳ de Thougny, décéda le 23 avril 1609. Et dam^elle Marie du Courtil leur fille dame de Farémont, Sailly et Brusson, vefve de feu Jacques Le Gorlier escuier sʳ de Montcetz, qui décéda le 9ᵉ septembre 1657.

Deux écussons: l'un d'azur à deux *rains* (?) en sautoir au chef d'or chargé de trois canettes de sinople, à la bordure de..........; l'autre (en losange) d'or au chevron accompagné de trois écrevisses (armes des l'Hopital). — Notre-Dame. Au cimetière au pied du grand clocher. Dalle de marbre élevée. — Thierry de l'Hospital, seigneur du Castel, Plivot, etc., capitaine de Châlons épousa en 1537 Marguerite Cuissotte, dame de la Chapelle;

il eut, outre ladite fille, M. du Castel, mestre de camp d'infanterie ; M. de Plivot, capitaine d'une compagnie d'infanterie à Châlons en 1589.

258. 1573

Cy devant gist damoiselle Crespine de Geremaines, en son vivant femme de noble homme Didier le Tartier, garde des sceaux royaux de ceste ville, laquelle tresp. le 7 jour de juillet l'an de grâce 1573. Priez Dieu pour son âme.

Ecusson en losange, parti : 1° d'un griffon ; 2° d'une croix cantonnée de quatre croissants. — Saint-Alpin. Dans un petit tableau sur le premier pilier, vers l'autel de la Vierge. — Le Tartier portait, à l'Armorial de 1697 : de gueules au besant d'or ; au chef d'or chargé de trois molettes de sable. — Son petit-fils président trésorier de France à Châlons ; mort en 1695. (Voir 1563.)

259. 1573

Nicolaus Clausse de Marchaumont, episcopus Cathalaunensis octogesimus quartus, pius et doctus, vixit annos viginti octo, sedit annum, menses quinque et quindecim dies. Obiit anno salutis 1573, duodecima die septembris. Orate pro eo.

Le *Gallia Christiana* donne une longue épitaphe en vers, d'après les frères Saint-Marthe ; mais il n'y a que celle ci-dessus sur la pierre posée sur sa sépulture. Ecu portant un chevron d'or, accompagné de trois têtes de léopard ; une crosse au-dessus. Elu en 1572, inhumé dans le chœur de la cathédrale.

260. **1573**

Cy gist le corps de vénérable et discrète personne Jacques Guarin, en son vivant chanoine de céans, natif de Bussy-Lestrée, qui décéda le 13e oct. l'an 1573. Priez Dieu pour son âme.

Dalle de marbre noir au deuxième pilier, nef, du côté de l'Evangile. — Ecusson : chevron accompagné de trois roses.

261. **1574***

Cy gist le corps d'honorable homme Louis Lallemant, vivant potier destain demt à Chaalons qui décéda le 8e jour de novembre 1576 et d'honneste dame Jeanne Brossart, femme dudict Lallemant, qui décéda le 4e jour de juin 1574. Priez Dieu pour eux. Et Marie Lallemant, vefve de feu Pierre Trusson, fille des dessus dicts, qui trespassa le 15e d'avril 1603. Priez Dieu pour elle.

Eglise Saint-Germain. Dalle en marbre dans la chapelle de Saint-Michel.

262. **1578**

Cy devant gist honnorable homme Estienne Cacqueret marchand demeurant à Chaalons l'un des gouverneurs de la confrairie de la Charité autrement dix-deniers et maistre de la réformation de la drapperie dudict Chaalons qui décéda le 17e jour d'aoust 1578. Priez pour luy.

Ecusson en cartouche chargé de deux épées en sautoir les pointes en bas, accompagnées en pointe d'une tête humaine. — Notre-Dame, au cimetière près le grand portail. Dalle en pierre élevée. — La Confrérie du Dit-Denier remontait à la plus haute antiquité : elle comptait douze frères qui habituellement accompagnaient les prêtres pour l'administration des sacrements et ensevelissaient les morts. Plus tard ils servirent pour la distribution des secours de la Confrérie de Charité et enfin, ils furent réunis, en 1616, à l'Hôtel-Dieu (1).

263.   1579

Cy gisent desoub cette tombe les corps de Didier Masson vivant m^{and} bourgeois qui décéda le 8 juin 1579 et Perette Menon sa femme petite fille de feu Didier Noel, laquelle décéda le 26 mai 1576. Priez Dieu pour le repos de leurs âmes.

Cy gisent noble homme Didier Noel, marchand et laboureur dem. à Chaalons q. tpassa ... 1572 et Claude Babéle, femme de Didier Noel qui trespassa le 19 juillet 1561.

A Saint-Loup.

264.   1580

Cy gissent devant honnorable homme Nicolas Bertheuil, vivant bourgeois de Chaalons et marguiller de l'église de céans qui décéda le 9e jour

---

(1) Voir le travail de M. Grignon sur cette confrérie, à laquelle le premier il restitue son véritable nom. (*Ann. de la Marne*, 1886).

de mars 1580. Et Perette Bertheuil, sa fille, vivante femme de Pierre Horguelin, sergent royal qui décéda le 24e jour de décembre 1586. Priez Dieu pour les trespassés. Et damoiselle Magdeleine Marcenet, vefve dudit deffunt et décédée le 16e octobre 1591. Mihi hodie, tibi cras.

Ecusson chargé de deux croissants croisés, mis en face surmontés d'une rose, au chef chargé de deux étoiles. — Saint-Alpin. Dalle de pierre au cinquième pilier, près de la chapelle de Saint-Crépin.

265.   1581

Cy devant gist noble homme Pierre Aubelin, marchand bourgeois de Chaalons, qui décéda le 15e de janvier 1581, et damoiselle Marie Puppin, femme dudict Aubelin qui décéda le 7e de mars 1586. Priez pour eux.

Ecusson portant un chevron accompagné en chef de deux étoiles et en pointe d'un massacre de cerf; au lambel de trois pendants en chef. — Saint-Alpin. Dalle de pierre au 9e pilier. — Fils de Claude mentionné à la date de 1564.

266.   1581

Cy devant gist maistre Thibaut Le Febvre, chanoine de céans qui décéda le 17e jour de juin 1581.

A Notre-Dame. Dans la muraille, côté de l'Evangile, sous un christ sculpté. Tombeau élevé. — Un Le Febvre paraît en 1636 comme seigneur de Cernon et lieutenant de ville.

267. **1583***

Cy devant gist Pierre de Morillon, escuyer, sgr. de Coupetz, et la Dardolle, con⁰ʳ du roy et receveur gén' de ses finances en la province de Champagne, fils de feu cy-devant noble homme Mʳᵒ Jacques de Morillon, qui décéda le 20 de janvier 1583. Priez Dieu pour luy. Et dame Jacqueline de Champagne, femme dudit de Morillon, fille de deffunt Guillaume de Champ. sʳ de Var. Blaise et procureur général desdites finances, laquelle....

Saint-Alpin. Dalle de marbre « à costé » de la muraille. — Armes : d'or à la fasce de gueules chargée de deux filets ondés d'argent, accompagnée de trois trèfles de sable.

268. **1583**

Cy devant gist Christophe Bellois natif de Mareuil-sur-Marne, prestre habitué de céans qui décéda le 10ᵉ juillet 1583. Priez Dieu pour luy.

Saint-Alpin. — Plaque de pierre au septième pilier.

269. **1583**

Hyer. Burgensis Cath. episc et cons. Gall. patr. senat. huius cœn. præf. quem sua publice et privatim perspecta virtus et integritas civilibus cum laude defunctum muneribus ad apices pontific. evexit, evectum singul. pietas sacris ecclesiae ministeriis, et boni pontificis muniis totum addixit, incredibilis autem erga egenos charitas cum quotidiana et privata liberalitate contineri jam non possit in publicum provecta et quasi in posteritatem propendens antiquum urbis nosocomium longe uberrimo reditu auxit, gymnasium informandae liberalibus et sedentariis artibus adolescentiae, quasi industriae seminarium consevit, instituit et abunde dotavit...... chariss. et opt. patruo ex fratre et III soror. gratiss. et nepotes ultro etiam pauperibus condonato patruae hereditatis ex ipsius voto ......: hoc mœsti m. p. p. obiit ann. restitutæ sal. M.V.LXXXIII pridie, non. junii.

Eglise de Saint-Pierre-au-Mont. — D'après Gaignières : sur le tombeau la statue du prélat agenouillé ; son écu : deux lions affrontés, séparés par une fleur de lys, Jérome Bourgeois, était fils du médecin de François Ier ; abbé de Saint-Pierre et du Der, il succéda en 1556 à Philippe de Lénoncourt et joua un rôle considérable dans les affaires religieuses de son temps. Il prit part au concile de Trente.

270.   **1583.**

Cy gist noble homme Hugues Lallemant, seigneur de Loisy en Argone et de Monthelon, conseiller du roy au bureau des finances en la province et généralité de Champagne qui décéda le 16e aoust 1583. Priez Dieu pour son âme.

Ecusson portant un chevron accompagné de trois

roses. — Notre-Dame. Dalle en marbre autour du chœur vers la chapelle Saint-Blaise. — Hugues Lallemant épousa Madeleine Mathé, fille du seigneur de Voucinennes; il eut un fils président de l'Election; un autre lieutenant criminel au présidial, etc.

271.   **1586**

Cy devant gist honnorable homme Charles Guillaume, m° tondeur de draps à Chaalons qui décéda le 26 febvrier 1586. Et Marie Petit sa femme qui décéda le 3° novembre 1586. Et aussy Charles Guillaume, leur fils tondeur de draps qui décéda le 16° avril 1589. Et Jeanne Guillaume, fille dudit Charles Guillaume le jeune qui décéda le 27° septembre 1605. Et honnorable homme Loys Guillaume maistre orpheure à Chaalons, fils de Charles Guillaume l'aisnel, qui décéda le 10 febvrier 1651. Et Jacquette Roland, femme en premières nopces de Nicolas Guillaume, fils dudit Charles Guillaume le jeune laquelle décéda le 18° octobre 1618. Et Nicolas Guillaume le jeune lequel décéda fils dudit Nicolas Guillaume et de ladite Roland, le 21 avril 1516.

Ecusson portant un chevron accompagné de trois merlettes. — Saint-Alpin. Dalle de marbre au 6° pilier hors du jubé, côté de l'Epître. — De la famille des Guillaume qui acquirent le vidamé de Châlons et la seigneurie de Saint-Eulien.

272.   **1587**

Cy gist honnorable homme Claude Rocquet, vivant marchand demeurant à Chaalons qui décéda le 3° janvier 1587. Priez Dieu pour luy. Et damoiselle Perette Rocquet, sa fille, femme d'honnorable homme Claude Hermant, laquelle décéda le 5° aoust 1613.

Deux écussons : 1° une croix chargée de cinq coquilles; 2° un chevron accompagné de trois roses (Armes des Hermant). — Saint-Alpin. Dalle de marbre dans le mur. Galerie du côté de l'Evangile. — Pierre Hermant était conseiller de ville en 1697.

273.   **1587**

Devant ce pilier est inhumé le corps d'honnorable homme Louis Horguelin, marchand bourgeois de Chaalons qui décéda le 2° jour d'aoust 1587, et Jeanne Vasse, fille de............ et de damoiselle Claude Horguelin, petite fille dudit deffunt et de ladite *(sic)* Havetel qui décéda le 15° octobre 1591. Priez Dieu pour eux.

Ecu chargé d'un chevron accompagné de deux panaches et d'une tête de Maure. — Saint-Alpin. Dalle de marbre au sixième pilier du côté de l'Evangile, près de la grande porte. — Horguelin, vieille famille de Châlons, qu'on croit originaire d'Allemagne, possédait la seigneurie de Breuvery. Nombreuses branches : Pierre, avocat du roi au Présidial en 1697; d'or au chevron d'azur accompagné en chef de deux panaches de gueules et en pointe d'une tête de Maure de sable, tortillée d'argent. La famille Havetel paraît au xvi° siècle au conseil de ville.

274. 1587

Cy g. dam^elle Deya, femme de noble hoe Jacques Le Huval, seigneur de Sauville, greffier domanial des fiefs et des terres du bailliage de Vermandois au ressort de Chaalons, laquelle décéda le 14° jour d'octobre 1587. Priez Dieu pour son âme, Dame Nicolle Le Huval, leur fille, qui décéda femme de M° Jean Itam, le 12° d'octobre 1594. D^elle Jacqueline Le Huval, leur fille, qui décéda le 25° aoust 1596. Et ledict Mre Jacques Le Huval, seigneur de Sauville, la Tour sur Orthais, con^er du roy nostre sire et garde des sceaux au bailliage de Vitry-le-François qui décéda le 22° juillet 1605. Et dam^elle Victorienne Le Huval, leur fille, qui décéda le 23° febvrier 1618. Et noble homme Nicolas Le Huval licencié ès lois et advocat en parlement, fils des dicts deffunts qui décéda le 10° aoust 1619. Et Jacques Le Huval esc^er seig^r de Varimont et de la Tour de Mutigny, qui décéda le 24° jour de janvier 1629.

Deux écussons : 1° écartelé d'un oiseau et d'un arc mis en face ; 2° un chevron accompagné de trois œillets. — Saint-Alpin. Dalle de marbre dans la chapelle Saint-Claude. Louis Deya était bailli de Châlons avant 1611. — D'azur au chevron accompagné de trois œillets d'or.

Varimont, canton de Dommartin-sur-Yèvre.

275.   **1587**

Cy devant gist le corps de maistre Toussaint Jennequin natif de Saint-Julian de Coutisolz prestre nagueres curé de céans qui décéda le 25° octobre 1587. Priez Dieu pour son âme.

Ecusson portant une croix cantonnée de seize étoiles. — Saint-Alpin. Dalle de pierre au 7° pilier.

276.   **1587**

Honnestissimi viri et optimi civis Christianae reipublicae Nicolai Grangier qui annis aetatis XLII migravit............ 6 julii anno 1588, atque Elizabethae de Lesville probae feminae quae ob singularem caritatem mater egenerorum dicta est, quaeque 75 aetatis annis ingressa obiit...... sept. 1619 piis manibus Joannes Grangier, latinae eloquentiae regius professor in academia Parisiensi, et Madgdelena Grangier, uxor Claudii Le Gentil, nunc parisiensis civis qui sedem Lutetiae fixerunt, hoc in patria monumentum liberi........
                                   P. P.

Saint-Alpin. Dalle dans la muraille. — Jean Grangier naquit à Châlons en 1576; entré dans les ordres, il se voua au professorat et devint principal du Collège de France, enfin lecteur du roi, le 16 avril 1617. Il se fit relever de ses vœux n'étant que diacre et se maria assez tristement pour réparer certaines erreurs de conduite.

En 1634, il rentra au collège de Beauvais et fut promu en 1635 procureur de la nation française. Il passait pour le premier latiniste de son temps. Très pédant, Cyrano de Bergerac en a fait sous le nom de Granger le héros de son *Pédant joué*. Il a laissé de nombreux travaux. Son portrait a été gravé sous le nom de M. de la Grange, principal du collège de Beauvais.

277.   **1591**

D.m.s. adsta paulisper, viator et .... hic, tectum conditur humo, corpus n. viri Eustachii de Mesgrigni dni a Ville Bertino et Mousseyo.............. hic fuit.......... ex clara Mesgrignerum familia .... oriundus ibidem praeses et iuridione majore primus...... prudentia et humani tate vix singularis. Hic aestuante et feruente tumultu hanc in urbem Cathalaun. Regisque suorumque fidissimam arcem perfugit ubi inter curiæ conscriptos ab urbe parisiensi profugerat ibique .... regit publici .... constitutus est. Qui obiit anno a chro. incarnato 1591. 8 februarii ætatis suæ anno .... susurare viator et vale. Hoc e....... endium meritissima eius conjux et Jacobus Viguierius Libell......... supplicem præ .... fidelissi....... defuncti....... P.

Cathédrale. — Cette épitaphe, gravée sur le neuvième pilier dans la nef vers l'autel de la Vierge, est répétée au pied de ce pilier, sur une pierre de marbre en losange; au-dessus de l'inscription est gravé un écu parti à droite, un lion, à gauche, une bande (ou demi-chevron), accompagné en chef d'un oiseau. — Mesgrigny porte d'azur au lion de sable. — Eustache, fils cadet de Jean, prévôt de Troyes, et de Marie de Pleurs, d'abord lieutenant général au bailliage de Troyes, puis le 17 août 1591, procureur général au Parlement de Châlons ; le 17 septembre 1590, il parvint à s'emparer de Troyes au nom du roi. Il épousa en 1571, Simonne Le Mairat, fille d'une Molé.

278.   **1592**

Cy devant sous la tombe où posent les reliques gisent les corps de noble homme Pierre Gargam, vivant bourgeois marchand de Chaalons, lequel décéda le 26º juin 1609, et dam^{elle} Marguerite Horguelin sa femme en 1res nopces, laquelle décéda le 2º avril 1592. Et damoiselle Anne Brissier, sa femme en 2es nopces, laquelle décéda le 29 sept. 1618.

Saint-Alpin. — Pierre Gargam, d'une famille châlonnaise, anoblie depuis, fut gouverneur municipal en 1576 ; sa descendance existe encore. On croit que cette famille est une branche de la famille italienne des Gargam, venue en France au xvº siècle. — D'argent au chevron d'azur, accompagné en chef de deux roses de gueules et en pointe d'une merlette de sable.

279.   **1592.**

Ill^e et excell^o dno Carolo Birago pluribus et summis regiis dignitatibus ornato gubernatori regio vice" marchiae Salutiæ M.......... Hieronimus procurator ejus de Marchiae pietatis amore et religione mors posuit quinta kal. junii anº 1592.

Aux Cordeliers. — Personnage armé de toutes pièces, les pieds sur un chien ; au-dessus de sa tête ses armes timbrées et entourées d'un collier d'un ordre où pend une croix ancrée. Il pose la main gauche sur l'épaule d'un personnage en longue robe et bonnet carré ; au-dessus de la tête de celui-ci, dans une couronne de feuillage, un écu chargé de trois palmes (Gaignières). — Charles de Birague était fils de César, capitaine de 50 lances des ordonnances en 1569, gouverneur du marquisat de Saluces, lieutenant général pour le roi au-delà des monts conseiller d'Etat, chevalier des ordres en 1580. — D'argent à trois fasces bretessées et contrebretessées de gueules de cinq pièces, chacune chargée d'un trèfle d'or.

280.   1592

Cy devant gist Elisabeth Guillaume, fille du susdit (*sic*) vivante femme de Jean Caillebert qui décéda le 28ᵉ septembre 1692. Priez Dieu pour elle.

Deux écussons : 1º chevron accompagné de trois besants ; 2º en chef, deux têtes affrontées et en pointe une tête de renard. — Saint-Alpin. Dalle en marbre au huitième pilier du côté de l'Evangile. La défunte était de la famille Guillaume, dont un membre, Pierre Guillaume, contrôleur général des gabelles en Champagne, acquit le vidamé de Châlons et en fut déclaré simplement seigneur par arrêt du Parlement du 30 mai 1635, comme non noble. Cette famille a formé les branches des marquis de Chavaudon, des seigneurs de Saint-Eulien, etc.; elle était originaire de Troyes où elle fournit un bailli en 1370. — D'azur au chevron d'or, accompagné de trois besants de même : 2 et 1.

281.   1592

Cy gist Cauchon (sic) c[te] de Lery, seigneur de Dugny, de Ville-en-Tardenois, et............ en partie, home d'armes de...... le XIIIIe d'octobre 1592. Priez Dieu pour luy.

Le défunt armé de toutes pièces, les pieds sur un chien ; cuirasse niellée ; de chaque côté, en haut, un cartouche avec l'écusson (de gueules au griffon d'or), le casque, les éperons, les gants, les épées, etc.

Jérôme Cauchon, homme d'armes des ordonnances (1564), marié à Apolline Goujon, fille de Pierre, seigneur de Tours-sur-Marne ; il eut seulement deux filles, mariées l'une en 1574 à Renard Feret, seigneur de Montlaurent, capitaine royal de Reims ; l'autre en 1577, à Jean de Joybert, seigneur d'Aulnay, puis en 1591, à Th. de la Pierre, seigneur de Cuis. — Saint-Loup.

282.   1592

Cy devant devant gist Catherine Cudin en son vivant femme de honneste personne Jean Roussel, hostelain de la Fleur de Lys de Chaalons, laq[lle] décéda le dernier jour de decembre 1592. Prions Dieu qu'il fasse mercy aux trespassés et de nous qui vivons faire sa sainte volonté ; repos éternel donnez-leur, seigneur, et lumière perpétuelle laissez sur eux.

Saint-Alpin. — Plaque en bois, huitième pilier, vers l'Epître.

283.   1592

Cy gist noble et prudent hoe Nicolas Lignage .... vivante feme dud. deffuct Me Nicolas Lignage, laquelle décéda le 28e jour d'octobre 1592. — Requiem eternam dona eis Domine. — Noble hoe François Lignage, bourgeois de Chaalons........... dudit deffuct q. décéda le 15 octobre 15......... dam^{le} Nicole Dob............ dud. deff. qui déc...........

Notre-Dame.

284.   1595

Cy devant gist honneste homme Thomas Ganthelpo (?) bourgeois de Chaalons qui décéda le 22e janvier 1598. Et Nicolle Jacquelot, sa femme, qui décéda le 1er mars 1595. Ne propicias nos e facie tua Dne. Requiescant in pace.

Saint-Alpin. — Dalle en marbre, au huitième pilier du côté de l'Evangile.

285.   1595

Deo optimo maximo epitaphium. Nobili Jacobæ Cuissotte natæ dni Gizacuria, Biergiis, Baiarne et

Bellay, insigni pietate et singulari in pauperes
charitate Petrus Braux, conjux, de Florentia dominus, regis consiliarius primus in provincia Campaniæ quæstorum regiorum præfectus, resurrectionem mortuorum cogitans posuit. Obiit die 20
aprilis anno Domini 1595 ætatis 45.

> Quid lacrymæ prosunt jacet hic pietatis imago,
>   Virtus et probitas quam.... etuere mori
> Vivit et œterno fruitur pars altera soli
>   Altera pars tumuli marmore clausa latet
> Mandabor lacrymis expecturus morte sepulcrum
>   Ad vitam donec transeat ista caro.

Ecusson d'azur au chevron de sable, accompagné de trois besants d'or. — A Notre-Dame. Chapelle d'Epense : plaque en marbre, élevée. — Jacquette Cuissotte était fille de Claude, député de la noblesse pour le bailliage de Châlons, aux Etats-Généraux de 1560, et de Claude Le Folmarié, dame de Bayerne ; son mari président trésorier de France à Châlons en 1578, fut lieutenant des habitants en 1591 et 1599. Ils eurent plusieurs enfants, entr'autres : Thomas, abbé de Moiremont en 1607 ; Pierre, capitaine d'une compagnie de gens d'armes du duc d'Epernon ; Philippe, contrôleur général des finances ; Cosme, président trésorier de France, marié à Hélène de Cardonne, fille du baron d'Anglure, dont la fille épousa en 1620 Ant. d'Anglure, comte d'Etoges, et le fils, sans alliance, fut maître des requêtes. Nous trouverons sa tombe plus loin. — Braux porte de gueules au dragon ailé d'or.

286. 1595

Cy devant gist d^lle Jeanne Daoust, femme de Me Guillaume Lignage, esc^er s^r de Cheniers en partie, m^e alternatif des eaues et forests du bailliage d'Esparnay et de la montagne de Reims, qui décéda le dernier de may 1595.

Ecu parti : 1° une colombe sur une palme ; 2° deux épées en sautoir les pointes en bas. — Saint-Alpin. Dalle en marbre au premier pilier, dans la nef près du sanctuaire. — La famille Lignage avait pour chef en 1440, Guyot, lieutenant des habitants de Châlons ; elle a fourni un grand nombre de branches et occupait dans le pays une place considérable. — De gueules au sautoir engrelé d'or, accompagné de quatre fleurs de lis de même. — Jean d'Aoust était clerc juré à Châlons en 1475 ; un de ses descendants, qui pourrait être le frère de la défunte, acheta la seigneurie de Coolus en 1565. — De gueules à la tourterelle d'argent, tenant dans son bec une branche d'olivier de sinople.

287. 1595

Cy gist damoiselle Fannie Macquart (ou Maillard), femme de noble homme Jean Billet, seigneur de Fannières, c^er du roy receveur général des tailles en la Généralité de Champ^e, l'un des échevins de cette ville de Chaalons, laquelle décéda le VIIIe juillet 1595. Priez Dieu pour elle.

Ne memineris iniquitatum nostrarum.

Aux angles de la dalle 4 écussons: sur l'un on croit reconnaître des têtes de bélier; un autre porte les armes des Billet; d'azur au chevron d'argent, accompagné en chef de deux moulinets d'argent, emmanchés d'or, et en pointe d'une épée d'or. — Nous croyons que cette tombe, très effacée, a été mal déchiffrée jusqu'ici et qu'il faut lire : Françoise Mauparty, première femme de Jean Billet, écuyer, seigneur de Fagnières, Farémont, receveur général des tailles en Champagne, échevin de Châlons en 1595 et 1604. Elle était fille de Jean, seigneur de Sainte-Livière et de Bastienne Jacobé. — Saint-Loup.

288.   1595

Cy devant gist honorable homme Antoine Jacquemart, marchand demeurant à Chaalons, qui décéda le 18ᵉ de juin 1595. Priez Dieu pour luy.

Ecusson portant un oiseau, accompagné en chef et en pointe d'une étoile. — Saint-Alpin. Dalle en pierre, au neuvième pilier.

289.   1595

Hic jacet venerande senectutis magister Dominicus Le Chalosie hujus insignis eccie Cathalaun. canonicus, qui obiit anno Domini mill.......... nonagesimus quinte XIX aprilis.

Cathédrale.

290.   Vers 1595

Jacobæ Godet matronæ clariss. ornatiss. quam præmatura mors conjugi cariss. matrique suaviss.

ante tempus eripuit. Cujus anima quiete fruitur spiter, corpus Nicolaus Cuissotte eques nobiliss. dom. conjux pretiss. uxoris bene mer. memor hic Godet curavit.

EPITAPHIUM.
Quæ virtute potens omni pietate refulsit
  Cui mentis nituit spendida forma comes
Unica quæ matri restabat dulce levamen
  Hanc rapuit mæsto more properata viro.

Deux écussons : l'un chargé de trois besants avec un croissant ; l'autre d'un chevron avec trois pommes de pin (Godet). — A Notre-Dame, muraille du chœur du côté de l'Evangile. Tombeau élevé. — Jacquette Godet, fille de Claude, seigneur de Saint-Hilaire, et de Perette de Morillon, mariée le 3 mars 1593 à Nicolas Cuissotte, vicomte de Plivot, seigneur de Gizaucourt, capitaine d'une compagnie à Châlons, remarié le 7 octobre 1597 à Marie Lallemant, dame de Monthelon.

291. 1596

Cy devant gist noble homme Claude Françoys, escuyer, sr de Chaufourd, de Montbayen, de Fresne conseiller du roy, contrôleur général des finances en la Généralité de Champagne et ancien conseiller du corps de ceste ville de Chaalons, qui décéda le 28ᵉ novembre 1628. Et damoiselle Anne Soulin sa femme qui décéda le 29ᵉ juillet 1596. Et Philippe Françoys, leur fils, escr, sr dudit Montbayen, Escury-le-Grand et autres lieux, conseiller du roy président trésorier de France et général des finances en ladite Généralité, qui décéda le 25° septembre 1661.

Cy gist noble homme Claude Françoys de Chauffourd, cons^{er} du roy, contrôleur général des finances en Champagne, qui décéda le 9° janvier 1666.

Deux écussons, l'un d'azur à deux épées de sable posées en sautoir, accompagnées d'une étoile en pointe et un chevron d'or brochant sur le tout ; l'autre chargé d'un chevron accompagné en chef de deux étoiles et en pointe d'un croissant.

A Notre-Dame, au cimetière, au coin du grand clocher, dalle en marbre, élevée.

Françoys, ancienne famille châlonnaise : Pierre était gouverneur municipal en 1542. En 1789, nous trouvons le chevalier de Montbayen, major de dragons et chevalier de Saint-Louis ; Philippe épousa Marie Rosnay, famille châlonnaise, connue dès le commencement du XVIe siècle possédant les seigneuries de Marne, Villers-aux-Corneilles, etc. — D'azur au chevron accompagné de trois levrettes d'argent.

292.   **1596**

Cy devant gist Perette Rousseau, femme en seconde nopce de Claude Pannetier, marchand de ceste ville, laquelle décéda aagée de 68 ans, le 27° octobre 1596. Priez Dieu pour elle. Et ledit Claude Pannetier qui décéda le dernier may 1598. Priez Dieu pour luy.

Saint-Alpin. Dalle en pierre au quatrième pilier de la chapelle de la Transfiguration.

293. 1597

Cy devant gist Jacquette Hermant, en son vivant femme de Jacques de Lallin, marchand et bourgeois de Chaalons qui décéda le....... jour de septembre 1597. Et Jacques de Lallin, leur fils, qui décéda le premier jour de octobre 1595. Priez Dieu pour eux et pour tous les trespassés.

Ecusson portant à dextre, en chef, une flamme, à senestre un croissant, en pointe une tête de Maure.

Saint-Alpin. Dalle en marbre, au dixième pilier de la grande porte.

294. 1597

Cy gist noble homme Pierre Deu, bourgeois de Chaalons, qui décéda le 12e aoust 1627, et dam^{lle} Marguerite Charlier, sa femme en 1re nopce, qui décéda le 8e janvier 1597. Et noble homme Louis Deu, en son vivant bourgeois dudit Chaalons, leur fils, qui décéda le 6e apvril 1649, aagé de 75 ans ; et dam^{lle} Jeanne Dalfeston, sa femme, laquelle décéda le 1er décembre 1645, aagée de 64 ans.

Ecusson chargé d'une fasce accompagnée de trois canettes et en pointe d'un arbre.

Notre-Dame, dans la galerie de l'horloge, dalle en marbre, élevée.

Ancienne famille châlonnaise n'ayant pas de communauté d'origine avec celle de Deu de Vieux-Dampierre, remontant à Jacques, bourgeois de Châlons, mort en

1533, aïeul de Pierre, bourgeois de Châlons, marié en 1560 à Marguerite Charlier, fille d'un officier du grenier à sel. Branches de Montigny, Marson, Perthes (encore existante à Coblentz), Rapsécourt, Hurlus, La Chapelle, etc. Ses membres ont occupé les plus hautes charges locales, et ont fourni de nombreux officiers et chevaliers de Saint-Louis au XVIII° siècle. D'argent, à l'arbre arraché de sinople, au chef d'or chargé de trois merlettes de sable.

Un cadet de la famille Elphinston, authentiquement issue d'un ancien roi de Danemarck, vint, à la suite sans doute d'une aventure fâcheuse, s'établir à Châlons, où ses descendants exercèrent des charges de notaire. La branche anglaise existe encore et siège à la Chambre des lords.

295.   **1597**

Cy gist noble homme Nicolas Dubois, escuyer, s' de Villers-devant-Mouzon en partie, qui décéda le 11° jour de janvier 1597. Et d^{lle} Anne Marin, femme de Messire Anthoine Talon le jeune, receveur particulier des décimes au diocèze de Chaalons, qui décéda le 3° jour de sept. 1603. Priez Dieu pour eux. Et d^{lle} Marie Marin, femme de Claude Martenet (?) qui décéda le 21 sept. 1624.

Trois écussons.

Nicolas Dubois possédait aussi le fief de Crancé, sis à Bussy-le-Château, et était le fils aîné de Antoine, bourgeois de Châlons, et de Louise Deu, qui se remaria avec Artus Talon, receveur des décimes à Châlons, oncle d'Omer, chancelier de la reine Marguerite ; de là sont issus les Dubois de Crancé, de Livry, de Loisy, etc. Nicolas, veuf de Anne Collet, se remaria le 20 février 1538 avec Marie Priou, fille de Claude sr de Crancé, veuve de Jean Marin, collecteur des finances.

Les Talon n'appartenaient nullement à la noblesse irlandaise ; ils étaient d'une famille établie au XVe siècle à Rosières en Santerre, dont l'église était dédiée à Saint-Omer. Une branche se fixa à Paris où ses membres occupèrent les plus hautes charges de robe et devinrent marquis du Boulay ; une autre à Châlons, d'où elle passa à Paris au XVIIIe siècle et reçut plus tard le titre de comte.

Dubois : d'azur au chevron d'or accompagné de trois glands de même feuillés et tigés de sinople.

Talon : d'azur au chevron d'argent accompagné de trois épis sortant chacun d'un croissant, le tout d'or.

296.   1597

Cy gist vénérable et discrète personne Mre Nicolas La Fricque, pre chanoine de céans, qui décéda le dernier jour de mars l'an 1597. Priez Dieu pour luy.

Et vénérable et discrète personne Mre La Fricque jadis pre chanoine et sous-chantre de cette esglise nepveu dudit La Frique, qui décéda le dernier sept. 1622.

Et vénérable et discrète personne Mre Claude La Frique, pre chantre et chanoine de céans, nepveu des susdits, qui décéda le 19 janvier 1653.

Ecussons aux quatre coins : deux épées en sautoir, les pointes en bas, en chef une étoile.

Cathédrale. Vers la petite huisserie.

La Frique était une famille de la bourgeoisie rémoise. Jean La Frique, bourgeois de Reims, fit enregistrer ses armes en 1697 : d'azur à trois pals d'hermine.

Nicaise La Fricque, maître de l'artillerie rémoise fut tué par l'explosion d'un pétard, en 1597, au feu de joie tiré pour la prise d'Amiens.

297.   1597

Cy gist noble homme Mre Pierre Ytam, not^{re} royal et receveur des consignations, qui décéda le 16e may 1597, et dam^{elle} Catherine Dubois, sa femme, qui décéda le 14e juillet 1594. Et noble homme Claude Ytam, greffier des consignations à Chaalons fils dudit Me Pierre Ytam, qui décéda le 25 juin 1620. Et Mre Guillaume Ytam, advocat en Parlement et fils desdits deffuntz, qui décéda le 27e septembre 1624. Et noble hoe Mre Jean Ytam, cy-devant garde des sceaux royaux audict Chaalons, fils desditz deffuntz, qui décéda le 25e avril 1625. Noble homme et prudent Mre Pierre Ytam, cons^{er} et advocat du roy au bailliage de Vermandois à Chaalons, prévosté de Compertrix et maréchaussée, bailly des terres et seigneuries de l'abbaye de Saint-Pierre-au-Mont de Chaalons, qui décéda le 16e novembre 1629. Et damoiselle Claude du Moulinet, femme dudict maistre Pierre Ytam, laquelle décéda le IIe janvier 1646.

Ecusson chargé de deux épées en sautoir, les pointes en bas, accompagné en chef d'un besant.

Notre-Dame, galerie du côté de l'Epître et allant à l'horloge, dalle en marbre, élevée.

La famille Itam est ancienne à Châlons, comme nous l'avons déjà dit. Pierre épousa, le 29 novembre 1538, Catherine Dubois, sœur de M. Dubois de Crancé, ci-dessus.

Du Moulinet, famille noble de Senlis au XIV° siècle, qui fit branches en Normandie, en Champagne, en Flandre, en Maine et à Paris, où elle compta plusieurs procureurs généraux. Claude était fille de Pierre, seigneur de Saint-Martin, échevin, et de Marie Lignage. — D'or à trois bandes d'azur.

298.   1597

Cy gist vénérable personne M° Jean Godiet, prebtre, natif de Chartres, archidiacre de Joinville, chanoine théologal de céans et de la Trinité, qui décéda le 21° d'aoust 1597. Priez Dieu pour luy.

Ecu portant trois fleurs. — Cathédrale.

299.   1598

Cy gist noble homme Jacques Godet, escuier, seigneur d'Aulnay, Saint-Quentin, Vaulgency et Pocancy, cons^{er} du roy et th^r général de ses finances en sa province de Champagne, qui décéda le 22 avril 1598. Et D^{elle} D........ le Caussonnier, fille de noble homme Michel le Caussonnier, vivant seigneur de Pocancy. Et D^{elle} Claude de la Voysin (?) femme dudit Jacques Godet, seigneur d'Onay (sic), qui décéda le 15° février 1602.

Saint-Alpin. Dalle en marbre, devant les Fonts.

La famille la plus considérable de Châlons remontant à Pierre, écuyer, seigneur de Beaugé en Berry. Deux de ses petits-fils vinrent à Châlons, en se mariant dans les familles Lambesson (1490), et Le Folmarié (1440). Branches d'Aulnay, Soudé, Renneville, Farémont, Omey, Saint-Hilairemont, Crouy, Thillois, Saint-Hilaire, etc. Antoine Godet de Soudé, grand prieur d'Aquitaine, ordre de Malte, en 1726.

Jacques, arrière-petit-fils de Pierre susdit, fils de François, correcteur des comptes et de Marguerite Molé, tante du chancelier, épousa en 1588, Débora, fille de Michel Le Causonnier, seigneur des Istres. — D'azur au chevron, accompagné de trois pommes de pin d'or.

300.   1598

Cy gist honneste femme Claude Le Choyselat, en son vivant femme de Jean Jubrian, marchand bourgeois de Chaalons, laquelle décéda le 1ᵉʳ jour de novembre 1598. Priez Dieu pour son âme.

Ecu en losange de sable à la fasce d'argent, accompagnée en chef d'un Tau entre deux astres. (Type des monnaies de Champagne).

Saint-Alpin. Dalle en marbre dans la galerie, à droite du chœur, près la porte du clocher.

Prudent Le Choyselat était procureur du roy à Sézanne quand il publia, à Paris, chez Chesneau, en 1572, un *Discours économique non moins utile que récréatif, montrant comme de 500 livres pour une foys employées, l'on peut tirer par an 4.500 livres de proffict honneste.*

Nous trouvons Jean Jubrien, fils de Didier et de Jacquette Laguille, né à Châlons le 2 mars 1599, mort en 1641 « topographe », qui a dressé des cartes du pays de Reims (1625), du Rethélois (1641), etc.

304. 1599

Cy gist noble Louis Roger, vivant greffier du bailliage de Vermandois à Chaalons, qui décéda le 11e janvier 1599. Et dam^{elle} Anne Lestache, sa femme, qui décéda le 17 janvier 1605. Et honorable homme Pierre Roger, marchand de ceste ville, leur fils, qui décéda le 1er octobre 1626. Et damoiselle Louise Roger, leur fille, femme de Mre Claude Maupassant, appoticaire de ceste ville, qui décéda le 9e juin 1638. Priez Dieu pour eux.

Deux écussons : 1° deux épées en sautoir, les pointes en bas, avec un moulinet emmanché mis en pal ; 2° une croix chargée de coquilles.

Saint-Alpin. Dalle en marbre dans la galerie, du côté de l'Epître, contre la chapelle Saint-Claude.

302. 1599

Cy devant gist Jacquette Thiébaut, dite Moullin, femme en secondes nopces de Husson Liétat, m^e pâtissier, demeurant à Chaalons, qui décéda le 13e juillet 1599. Priez Dieu pour son âme.

Ecusson portant une croix chargée de cinq fleurs de lis. — Saint-Alpin, deuxième pilier de la galerie vers l'Epître.

303.   **1599**

Cy devant gist D^{lle} Anne Hennequin, femme de Jean Brissier, marchande et bourgeoise de Chaalons, laquelle décéda le 9° octobre, jour saint Denis, 1599. Priez Dieu pour les trespassés.

Saint-Alpin. Dalle en marbre, sous les orgues. — Fille de Gérard Hennequin et d'Anne Brissier, mariée le 15 mars 1535, veuve de Nicolas Cuissotte. Gérard appartenait à la branche dite des Allonneaux, établie à Châlons au milieu du xv° siècle, issue de la branche des Hennequin, seigneur de Lantage, de laquelle sort la branche actuelle des Hennequin de Villermont.

304.   **15..**

Cy gist vénérable personne Mre Didier Cousinet, natif de Dampierre............ chanoine de céans et vicaire de Monseigneur de Chaalons, qui trespassa le 24° septembre 15... Priez Dieu pour luy.

Dalle en marbre noir, au premier pilier dans la nef, côté de l'Evangile, Ecu chargé de trois roses. — Saint-Alpin.

305.   **16..**

Cy gist Jean Mahon, maistre cerurier à Châlons, qui décéda le........................ et Appoline Gilbert, sa femme, laquelle décéda le............ ....

Saint-Alpin. Ecusson effacé.

306.   1604

Cy gist noble Artus Talon, seigneur de Villers-devant-Mouzon, né à Rozières près Lion en Santerre, receveur des décimes et aliénations du diocèse de Chaalons, et l'un des conseillers de cette ville, a donné et aulmoné à la confrairie de la Charité appelée le Dix-Denier, quatre censes et métairies, assises deux aux terroir et finage de Dampierre-le-Châtel, l'autre au terroir de Poix en Champagne, et la quatrième au village de Juvigny ; plus une pièce de pré contenant cinq faulchées en la prairie dudit Juvigny, lieudit Milloison, et la somme de 300 livres tournois en deniers clairs, pour estre mis à rente ou employés en achat d'héritage au profit de ladite confrairie, pour des revenus dudit héritage en deniers être payés et fournis par chascun an à toujours perpétuellement, par les maistres et administrateurs de la dite confrairie la somme de neuf vingt livres tournois à l'entretennement et pensions de trois religieux profès des trois ordres mendiants de ladite ville, Augustins, Prêcheurs et Cordeliers, ès études des bonnes lettres en l'Université à Paris ou ailleurs, à chascun d'eux, 60 livres par an, et seront lesdits religieux choisis et nommés par MM. les doyen, théologal, supérieur desdits ordres, maistre du Dix-Deniers et parents dudit Talon, sous les charges et conditions à plein contenues au contrat de la dite donation passée devant René Tartier et Ambroise Dubois, notaires royaux héréditaires en Vermandois audit Chaalons, le 17° juillet 1603, et la minute ès-registres dudit Dubois.

Et a ledit Talon avec feue demoiselle Louise Deu, sa femme, par ci-devant donné pour toujours à la fabrique de cette église, une maison sise en ladite rue du Flocmagny, à charge de chanter par les curés et clercs de céans par chacun jour de dimanche et fête solennelle, perpétuellement, après le prône de la grande messe paroissiale, les versets : *Domine non secundum peccata nostra, ostende nobis, Domine, misericordiam tuam* et l'oraison : *Omnipotens, sempiterne Deus, qui vivorum dominatio*, et avec charges portées au contrat passé par devant Vasse et Labot, notaires, le 14 décembre 1581. Lequel Talon décéda âgé de 87 ans, le 26 juillet 1604. Priez Dieu pour luy.

A l'ancienne église Saint-Nicaise. Artus Talon mourut sans enfants ; sa femme était veuve d'Antoine du Boys, dont le fils aîné hérita de la seigneurie de Villers. Il était frère d'Omer Talon, professeur distingué au Collège du cardinal Le Moine, et de Jean, conseiller d'Etat, père d'Omer, chancelier de la reine et avocat célèbre. — Armes : d'azur au chevron d'or, accompagné de trois épis soutenus chacun d'un croissant de même.

307. 1605

Cy devant gist honneste homme Jean Vaillant, marchand demeurant à Chaalons qui décéda le 2ᵉ féburier 1612. Et Nicolle Thiéry, sa femme, qui décéda le 24ᵉ octobre 1605. Et Jacqueline Thiéry, femme en secondes nopces de Pierre Vaillant, qui décéda le 15° de mars 1620.

Deux écussons : l'un portant un chevron accompagné de trois roses ; l'autre deux épées en sautoir, les pointes en bas, accompagnées en chef d'une croisette et en pointe d'une gerbe. — A Notre-Dame, dans la muraille du chœur, vers la porte du côté de l'Evangile. Tombeau élevé, en marbre.

308. 1606

Cy gist Mʳᵉ Isaye Beschefer, vivant conseiller du roy, lieutenant en l'élection de Chaalons, lequel a fondé à perpétuité en ceste église un obit de trois hautes messes avec les vigilles la veille de son décès qui fut le 10ᵉ jour d'octobre 1606. Jehanne-Louise Hennequin, sa femme, laquelle décéda le 4ᵉ jour d'aoust 1657. Et Mʳᵉ Pierre Beschefer, conseiller du roy, eslu en l'eslection, décédé le 14ᵉ septembre 1662.

A Saint-Loup.

309.   1607

Cy gisent Jehanne Wiryot, femme en premières nopces de noble Jehan de Saint-Remy, seigneur du Bois-des-Courts ; en deuxièmes nopces de Guillaume Aubertin, seigneur de Maljouy, conseiller du roy au grenier à sel de Sainte-Manehould et garde des sceaux du bailliage, qui décéda le 18 novembre 1607. Et Jacques Aubertin, fils de noble Olivier Aubertin, seigneur de Jonchery, Mauljouy, et de dame....... Linage, qui décéda le 16 novembre 1695. Lequel Olivier était décédé le 21e septembre 1624 et ladite Anne le 15 février 1655, à l'âge de 90 ans. Et Jeanne Aubertin, fille dudit Olivier, veuve de François Despinay, seigneur de Hestremont, Songy, etc., capitaine de chevau-légers, qui décéda le 4e décembre 1716.

Notre-Dame. — Aux angles, écussons martelés.

310.   1607

Cy gist Nicolle Pouillot, femme de Jean Garnis, marchand bourgeois de Chaalons, qui décéda le 11e mars 1607.

Saint-Alpin. Ecu effacé.

311.   1607

Celui qui de rien fist ceste machine ronde
Qui dispose ça bas des esprits de ce monde
Créa Jean Morizet, bon sculpteur le faisant
Puis reprit son corps : son corps est cy-gisant.

> Passant, ne passe pas sans penser au passage
> Qu'il a passé passant par-chevant son âge.
> Et Jacquette Maupin qu'il épousa pour fame
> Te prie prier pleurant le Seigneur pour son âme.

Morizet décéda le 16 octobre 1607.

Cathédrale.

312.   1608

Ci devant gist dam^lle Renée de Champaigne, vefve du feu Guillaume du Puis, escuier seigneur de Vond, fille de feu Guillaume de Champ^e, escuier, seigneur de Varymont et de Blayse et r^r gnàl de ses finaces e Champ^e, laquelle décéda le VIe de mars 1608.

> Puisque le créateur de la machine ronde
> Sans cesse appelle à soy toute âme vertueuse,
> La tiène ne pouvoyt, o dam^lle heureuse
> Faire plus long séjour en ce habité monde.

Saint-Alpin. Petite dalle en marbre noir, sans ornements.

313.   1608

Cy devant gist noble homme Michel Oulry, vivant bourgeois de Chaalons, qui décéda le 14 décembre 1608, aagé de 78 ans. Et dam^lle Nicole Theveny, sa femme en troisième nopces, qui décéda le 9e feb^er 1608, aagée de 42 ans. Et noble homme Mre Pierre Sébille, vivant advocat au Parlement et l'un des cons^ers de ceste ville, qui décéda le 12e janvier 1656, aagé de 65 ans. Et dam^{elle} Nicolle Oulry, sa femme, qui décéda le......... Requiescant in pace. Amen.

Trois écussons : 1° d'azur à la croix de gueules chargée de cinq coquilles ; 2° deux épées en sautoir, les pointes en bas, accompagnées en chef d'une croisette et en pointe d'un trèfle (Theveny) ; 3° d'azur au chevron d'or surmonté d'un croissant, accompagné en chef de deux étoiles et en pointe d'une rose, le tout d'or (écusson des Sébille).

Saint-Alpin. Dalle en marbre au huitième pilier, côté de l'Evangile. — Famille bourgeoise de Châlons. Michel Oulry épousa le 7 décembre 1577 Perette Brissier, puis Nicole Theveny. Il eut pour enfants : Claudine, mariée à N. Morel, élu ; Nicole à Pierre Sébille, en 1621, avocat, d'où MM. Sébille de Boujacourt ; Perette, à Nicolas Hennequin, seigneur de Cramant ; Jean, chanoine de Notre-Dame ; Anne unie à Pierre Deu, capitaine de l'arquebuse, veuve avant 1599.

314. 1608

Cy gist honoré seigneur Philippe de Thomassin, seigneur de Braux-Sainte-Cohiére, vidame de Chaalons, gouverneur et lieutenant du roy en la ville d'Esparnay, gentilhomme ordinaire de la Chambre, capitaine de 50 hommes d'armes des ordonnances, qui décéda le 10 octobre 1608. Priez Dieu pour luy.

Ecusson avec une bande. Le défunt représenté armé de toutes pièces, la tête sur un coussin, les pieds sur un lion, longue barbe ; autour deux casques, l'écusson, un gantelet, un faisceau d'armes, deux doubles-clefs.

Philippe de Thomassin (1545-1608) devint vidame de Châlons en 1585, et fut un des plus ardents royalistes de la province ; de concert avec Robert de Grandpré, il battit les ligueurs commandés par Saint-Paul, à Pringy en 1589, et décida ensuite Châlons à reconnaître Henri IV qui lui montra toujours une vive faveur. Il en fut nommé gouverneur le 27 avril 1608.

315. 1608

Cy devant gist Germain Le Gras, marchand chaudronnier et monnayeur de ceste ville de Chaalons, lequel décéda le 10 novembre 1608. Et Perrette La Prouze, sa femme, laquelle décéda le 17º may 1618. Priez Dieu pour eux.

Ecusson parti : 1º une barre vivrée, chargée de trois croisettes et accompagnée de deux annelets ; 2º une croix chargée de cinq coquilles.

Saint-Alpin. Plaque en cuivre au troisième pilier de la galerie, vers l'Epître. — La famille Le Gras, qui passa plus tard dans le Maine, et dont une branche obtint au siècle dernier les titres de marquis du Luart et de comte de Vaubercey, encore existante, appartenait à la bourgeoisie de Châlons, où Jean Le Gras était gouverneur municipal en 1380. — De gueules à trois rencontres de daim d'or.

316. 1609

Cy devant gist damoiselle Claude Le Moine, femme d'honorable homme Jacques Antoine, marchand, demeurant à Vitry-le-François, qui décéda le 8 janvier 1609. Priez Dieu pour elle.

Ecusson parti : 1° une croix alaisée, cantonnée de quatre croissants ; 2° un griffon.

Saint-Alpin. Dalle en pierre au 10° pilier. — Nicolas Antoine, marchand à Châlons, fit enregistrer ses armes en 1697 : d'azur au chevron d'argent. Les Le Moyne, reconnus nobles en 1494, avaient d'autres armes que celles ci-dessus. (Voir plus haut).

317. 1609

Cy gist honorable homme Toussaint Collart, vivant bourgeois de Chaalons, qui décedda le 25° octobre 1609.

Au milieu de la dalle : Cy gist honorable homme Toussaint Collart, ancien capitaine de la milice bourgeoise de Chaalons, qui décéda aagé de 81 ans, le 12 novembre 1732. Et dam^{elle} Anne Lorinet, son épouse, laquelle décéda le deux may 1734, âgé de 88 ans. Et encore damoiselle Louise Collart, leur fille, laquelle décéda le sept may 1734, aagée de 60 ans. Priez Dieu pour le repos de leurs âmes.

A Saint-Jean.

318. 1610

Cy devant gist François Aigny, valet de ville, qui décéda le 10° avril 1610 et dam^{elle} Iolante Deu, sa femme, qui décéda le 15 febvrier 1615. Et Noël

Pierson, maistre esperonier, qui décéda le 21° d'octobre 1637, et Françoise Aigny, sa femme, qui décéda le 27 septembre 1645. Et Claude Aigny, maistre menuisier, qui décéda le 22° avril 1636. Et Marie Aigny, fille à marier, qui décéda le 18° aoust 1640. Et Christophe Aigny, m° menuisier.

Deux écussons: l'un portant deux épées en sautoir, les pointes en bas, acompagnées en chef d'un croissant. L'autre une épée en barre, la pointe en bas, accompagnée en chef d'une fleur de lis et en pointe d'une branche de laurier.

Saint-Alpin. Dalle en marbre au huitième pilier, vers l'Evangile.

319. 1610

Cy devant gist Jacqueline Clero (?) femme de Sanson Failly, maistre tailleur d'habits, laquelle décéda le 18° may 1610. Tous ceux qui espèrent en Dieu ne périront jamais.

Deux cartouches : l'un chargé d'un chevron, accompagné en chef d'une gerbe et en pointe d'une corbeille ; l'autre d'une fasce chargée d'une coquille et accompagnée de trois étoiles 2 et 1.

A Notre Dame, dans le cimetière au-dessus du charnier, sur une dalle en marbre, élevée.

320. 1610

Cy devant gist damoiselle Jacquette Le Moyne, vivante femme de M° Pierre de Loysi, procureur ès sièges de Chaalons, laquelle décéda le 26e jour de juillet 1610. Priez Dieu pour elle. Et damoiselle Marie Le Moyne, sœur de la susdite, femme de honorable homme Jacques Antoine, marchand, demeurant à Vitry-le-François, qui décéda le 8 janvier 1609. Priez Dieu pour elle.

Saint-Alpin. Dalle en pierre au dixième pilier.

321. 1612

Cy devant gist honneste homme Jean Vaillant, marchand demeurant à Chaalons, qui décéda le 2e febvrier 1612. Et Nicole Thierry, femme en deuxièmes nopces de Pierre Vaillant, qui décéda le 15 mars 1620.

A Notre-Dame. Ecusson effacé.

322. 1613

Cy devant gist damoiselle Perette de Morillon, femme en premières nopces de feu Claude Godet, vivant escuier, seigneur de Saint-Hilaire et Moyvre, capitaine d'une compagnie de gens de pied pour le service du roy en ceste ville de Chaalons (1) ; et en secondes nopces de Pierre Braux, escuier, seigneur de Fleurent et Méry-sur-Seine, conseiller du roy, président trésorier général de France en

(1) Une des quatre compagnies levées en janvier 1589 pour la défense de Châlons et confiée à MM. de Saint-Hilaire, de Cizaucourt, de l'Hôpital et de Godet.

la Généralité de Champagne, qui décéda le 6ᵉ jour de janvier 1613.

Trois écussons : d'azur au chevron d'argent accompagné de trois pommes de pin (Godet) ; — en losange d'or à la face de gueules chargée d'une face ondée d'argent et accompagnée de trois trèfles de sinople (Morillon) ; — de gueules au griffon d'or (Braux).

A Notre-Dame, muraille du chœur, côté de l'Evangile. Tombeau élevé, en marbre.

Fille de Jacques de Morillon, seigneur de Marne, lieutenant général au balliage (1547), et de Perette d'Aoust, sœur de Jean, qui siégea au Parlement royaliste de Châlons. La seule fille qu'elle eut de Claude Godet, épousa Nicolas Cuissotte, seigneur de Gizaucourt.

323. 1613

Cy gist vénérable et discrète personne Mᵉ Guillaume Lasne, pʳᵉ archidiacre de Vertus et chanoine de céans, qui décéda le 8 janvier 1613. Priez Dieu pour luy.

A la Cathédrale.

324. 1613

Cy gist honorables hommes Claude Papillon, marchand bourgeois de ceste ville, qui décéda le 27 janvier 1613, et damoiselle Magᵉⁿᵉ. Loisson, native de Troies, femme en secondes nopces dudit deffunct, qui décéda le..........

Deux écussons : l'un portant une croix ; l'autre trois couronnés : 2 et 1.

Saint-Alpin. Plaque en marbre, au troisième pilier du côté de l'Evangile.

La famille Loisson est originaire de Troyes : Claude Loisson, secrétaire du roi le 7 juillet 1628, président trésorier de France à Châlons, épousa : 1° Anne Lejeune ; 2° en 1617, Marguerite Paillot, fille de Pierre, demeurant à Troyes, et de Jeanne Huez. Son petit-fils, seigneur de Guinaumont, devint président de présidial de Châlons en 1639. D'azur à deux bandes d'or, au chef d'or, chargé de trois molettes de sable.

Papillon, famille bourgeoise de Châlons qu'il ne faut pas confondre avec celle des seigneurs de Couvrot, maintenue par Caumartin. Est-ce d'elle que serait issu Papillon de La Ferté, intendant des menus plaisirs, guillotiné en 1794 ? — D'azur au chevron d'argent, accompagné en chef de deux papillons d'or et en pointe d'un coq hardi d'or.

325. **1613**

Cy gist Guillaume Linage, escuier, seigneur de Cheneyers, cy devant conseiller du roy, m⁰ des eaux et forêts de Reims et Esparnay, qui décéda lieutenant général du gouverneur pour le roy en ceste ville de Chaalons, et lieutenant de ladite ville, le 6ᵉ novembre 1630. Et dame Perette Le Duc, sa femme, qui décéda le 10ᵉ may 1613. Et Claude Linage, leur fils, aussy escuier, seigneur de Cheneyers, conseiller du roi au bailliage et siège présidial dudit Chaalons, qui décéda le 19 juin 1645.

Deux écussons : 1° de gueules au sautoir engrelé d'or, cantonné de quatre fleurs de lis d'or (Linage) ; 2° (losange) d'azur au chevron accompagné en chef de deux roses et en pointe d'une croix grecque (tréflée), armes des Le Duc.

Saint-Alpin. Dalle en marbre, troisième pilier, dans le mur à droite du chœur.

Le Duc, famille châlonnaise, remontant à Pierre, écuyer en 1499 ; acquit la seigneurie de Compertrix au XVI° siècle.

326.   **1613**

Cy gist vénérable et discrète personne M° Pierre Ytam, pbre, doyen et chanoine de l'église Saint-Etienne de Vic, prieur et seigneur de Vasno, licècier es loix et intedant de la maison de feu Monseig' l'illustrissime cardinal de Givry, évêque de Metz, qui décéda le 25 octobre 1613. Priez Dieu pour luy.

Et depuis est décédé vénérable et discrète personne M° Nicol Ytam pbre, chanoine de céans, docteur en théologie, archidiacre d'Astenay, frère dudit M° Pierre Ytam, le 24 septembre 1618.

Cathédrale. Au milieu de la dalle.

Fils de Pierre Ytam, seigneur de Florent, et de Catherine Dombasle ; leur frère aîné, Jean, avocat au siège de Vermandois et bailli de Saint-Pierre, mort le 16 novembre 1629, enterré à Notre-Dame.

327.   1614

Cy devant gist M⁰ Germain Gratian, vivant secrétaire du roy et naguères greffier au bureau des finances de Champagne, receveur des foires, traites et autres justices des tailles domanialles au bureau estably à Chaalons et marguilier de céans, qui décéda le 29ᵉ mars 1614. Priez Dieu pour son âme. Et D^lle Françoise Guy, sa femme, laquelle décéda le 11 février 1647. Priez Dieu pour elle.

Deux écussons : 1° parti à trois têtes de chien (?) et à trois Y ; 2° une épée en chef et en pointe deux croissants. — Saint-Alpin. Dalle en marbre, sous les orgues.

On trouve plus tard Germain Gratien, secrétaire du prince de Condé, puis conseiller au présidial de Châlons, où il mourut en 1667, marié à Géraude Coquart, fille de Pierre et de Louise Talon ; et Antoine Gratien, marié à Hélène, sœur de Géraude.

328.   1615

Au devant de ce pilier cy gist honorable homme .... Le Comte, bourgeois de Chaalons et maistre sculpteur qui décéda le 16ᵉ febvrier 1615, aagé de 77 ans. Aussy honorable homme maistre Pierre Givry, contrôleur des traites foraines et domainialles au bureau estably à Chaalons. Et Dam^elle Marie Le Comte, sa femme, ledit Givry décéda le 2ᵉ jour de janvier 1651. Et honorable homme Pierre Givry leur fils, marchand audit Chaalons, qui décéda le 2 juillet 1642, aagé de 38 ans.

Ecusson parti : 1° une gerbe de blé entre deux faulx ; 2° un chevron accompagné en chef de deux besants et en pointe d-une étoile (d'or).

A Notre-Dame, au cimetière, au pied du grand clocher dalle en marbre, élevée.

Givry, famille châlonnaise. Louis Givry, avocat à Châlons en 1680, y épousa Madeleine Beaugier, fille du bailli de Toussaint, et Anne Givry fut unie en 1694 à son cousin Germain-Pierre Beaugier, seigneur de Bignipont.

329. 1615

Cy gist vénérable et discrète personne Anth. Colesson, natif de Chaalons, en son vivant chanoine de céans, qui trespassa le 21 décembre 1615. Priez.

Cathédrale. Deux écussons : l'un chargé d'un chevron accompagné de deux étoiles et une rose ; l'autre de trois grappes de raisin.

330. 1616

Cy gist Jean de Chastillon, en son vivant seigneur de Contaux, conseiller du roy et son ingénieur ès les camps et armées des provinces de Champagne et Brie, Toul, Verdun et pays Messin, chéry des grands, admiré des doctes, honoré des siens, aagé de 56 ans, qui décéda le 27 avril 1616.

Et D^lle Jeanne Puppin, sa femme, qui ne pouvant souffrir l'absence de son cher époux, est allée le rejoindre au ciel le 4° jour d'octobre en suivant. Et Pierre de Chastillon, leur fils, escuier, seigneur de Louvigny, conseiller du roy en ses conseils et intendant de ses fortifications en Champagne et Picardie, qui décéda le 10° jour de décembre 1668. Priez pour eux.

> Ma vertu, mon travail, ma science......
> Ont servy mes amys, ma patrie et mon roy
> Et font malgré la mort, le temps......
> Vivre à jamais mon nom, ma louange et ma foy.

Deux écussons. — Notre-Dame. Dalle en marbre sous les orgues. — Jean de Chastillon, d'une ancienne famille de Châlons, y naquit en 1560, fils de Hugues qui se signala par son dévouement à la cause royale. Il servit avec distinction comme ingénieur militaire, et était particulièrement estimé de Sully, qui le chargea en 1608 de prendre part aux travaux topographiques entrepris dans tout le royaume. Frère du célèbre Claude qui a laissé une collection si estimée sous le titre de *Topographie françoise*.

Pierre naquit à Châlons en 1599 ; il n'eut qu'une fille mariée au marquis de Puisieux. — D'azur à trois fers de moulin d'argent emmanchés d'or : 2 et 1.

334.   1617

Cy gist vénérable et discrète personne Me Edme Ben........ natif de Soubslaines, prebtre chanoine de céans et de la Trinité, qui décéda le

1er may 1640. Priez Dieu pour son âme. Et vénérable et discrète personne Me Claude Miot, aussy chanoine, neveu dudit B........ natif de Soubslaine, qui décéda le 6e jour de septembre 1617. Priez Dieu pour son âme.

Cathédrale. Dalle en marbre noir. — Soulaines (arrondissement de Vitry).

332.   1617

Cy devant gist honnorable homme Nicolas Lallement, marchand bourgeois de Chaalons, fils d'honnorable homme Toussaint Lallement et damoiselle Louyse Aymon, qui décéda le 23e septembre 1617. Et honneste homme Nicolas Lallement, vivant procureur et advocat du roy en l'eslection et grenier à sel de Chaalons, fils de Nicolas Lallement vivant.......... et d'Andriette Horguelin, aagé de 33 ans et demy, décéda le 19e aoust 1641.

Deux écussons : 1° un lion ; — 2° un chevron accompagné de deux panaches et une tête de Maure. — Saint-Alpin. Dalle en marbre, neuvième pilier.

Dans les généalogies, Toussaint Lallement est cité comme seigneur de Togny et de Saint-Etienne, ayant été anobli par François Ier ; il mourut le 1er mars 1560 et sa femme en 1571. Nicolas Ier épousa en 1558 Marie Duboys ; Nicolas II est porté comme secrétaire du roi et des commandements de la reine Marguerite ; marié en 1594 à Andriette Horguelin. Un de ses fils forma la souche châlonnaise ; un autre acquit une charge de secrétaire du roi, passa à Paris, y fit une grande fortune, et son fils aîné devint fermier général et comte de Levignan. Mort en 1734. — D'azur au lion d'or.

333.   **1618**

Cy gist noble homme Michel Chastillon, bourgeois de Chaalons, qui décéda le 8° febvrier 1631, aagé de 86 ans. Et D^lle Claude Hennequin, sa femme, qui décéda le 16 février 1618. Priez Dieu pour eux. Et Mre Anthoine Dubois, notaire royal héréditaire au bailliage de Vermandois audit Chaalons, gendre desdits Chastillon et Hennequin, qui décéda le 24° jour de janvier 1620. Et D^lle Françoise Chastillon, femme dudit Anthoine Dubois, qui décéda le 19 septembre 1624. Et D^lle Gervèse Chastillon, femme d'honnorable Michel Joannen, bourgeais de Chaalons, fille desdits Chastillon et Hennequin, femme [avant ?] (sic) d'honnorable homme Claude Rapinat, bourgeois de Chaalons, laquelle décéda le 2 septembre 1638, et ledit Joannen qui décéda le 13° juillet 1652.

Ecussons aux quatre coins. — Saint-Alpin, vers le dernier pilier dans la galerie de l'Evangile.

Autre frère des deux ingénieurs. Rapinat, famille châlonnaise : Louis, gouverneur municipal en 1687. D'azur à la face de sinople, accompagnée en chef de deux étoiles et en pointe d'un cœur de gueules.

334.   1618

Deo optimo maximo

Dignitate moribus fide ac genere nobilis ac clarissimus vir Petrus de Braux de Florentia, Meriaco et aliorum dominus, regis nostri consilliarius Franciæ per 37 annos, præter quæstorum prœses meritissimus multoties patriæ consul ac rector dictus tanta gloria tam regalis tunc popularis officii manus adimplevit ut nemini movendæ adversus eum querimoniæ potuerit usquam occasio animo regibus gratus subditis utilis probis quibusque desideratissimis etiam difficillimis temporibus vixit. Obdormivit autem in domino anno salutis 1618 ætatis suæ 77 die vero 27 maii. Cosma, Philippus, Maria, Ludiovica, filii filiiæque ex Jacoba Cuissotte conjuge carissima pietatis hoc eternum testimonium poni curarunt. Hic caro in spe quiescat.

Cartouche aux armes de Braux : autre écusson, mi-parti aux armes des Cuissotte et des Morillon. — A Notre-Dame, chapelle d'Espense. Dalle élevée, en marbre.

Pierre Braux, écuyer, seigneur de Florent, La Croix-en-Champagne, Dommartin-la-Planchette, Mairy, le Boschet, Allemanche, etc, Elu à Châlons, puis président trésorier de France (1578), lieutenant des habitants en 1591, marié : 1° à Jacqueline Cuissotte ; 2° à Perette de Morillon. Il n'eut d'enfants que du premier lit : Pierre, seigneur de Florent, capitaine de cavalerie, et Thomas, abbé de Moiremont, étaient déjà morts. Survivaient :

Cosme, président trésorier de France ; Philippe, contrôleur général des finances ; Louise, femme de Robert de Geresme, vicomte des Essarts ; Marie, dame de La Croix, femme de Renaud Goujon de Thuisy, maître des requêtes.

335.   1620

Cy gist vénérable et discrète personne Mre Didier Baudin, vivant prebtre chanoine de céans, natif de Joinville, qui décéda le 9° septembre 1620.

Cathédrale. Dalle en marbre devant la chapelle Saint-Laurent, dans le bas-côté, vers l'Epître.

336.   Vers 1620

Petri Deya domini Bauchet[1] civis Cathalaunensis ossa et cineres hic quiescunt et adsunt, vita enim integerrima pervita in cœlum rediens quod terræ fuerit reditus secundum Redemptoris sui adventum expectant sed viator hoc te etiam scire volo cum omnibus ..... maximeque bonis ob morum suavitatem, fidem vitæ innocentiam et pietatem fuisse dum in vivis esset ; desiit autem vivere anno ætatis suæ 50, mens. sept. ac diebus !!. Ut in perpetuum viveret Claudia Fautrey conjux conjugium quo cum 26 propre ann. nullis unquam eventis ne leviter quidem tentata concordia vixit, Petrus et Nicolaus Deya liberi superstites paren-

---

(1) Petit bois situé à mi-chemin de Châlons et L'Epine, aujourd'hui nommé par corruption le Bauchet.

tibus merito parenti bene meritissimo nec sine lacrymis posuerunt diem..........

A Notre-Dame, cinquième pilier de la galerie, côté de l'Evangile. Tombeau élevé, en marbre.

Pierre, seigneur du Boschet (1) près Châlons, épousa vers 1595 Cl. Fautrey qui se remaria à Pierre Linage.

337.   **1622**

Cy gist noble homme Louis Trusson, vivant bourgeois de Chaalons, qui décéda le 29e novembre 1639 et damoiselle Anne Colin, sa femme, qui décéda le 19 may 1622 ; et noble homme Jean Trusson, advocat en Parlement qui décéda le 14e octobre 1645. Et dam^{elle} Anne Deu, sa femme, qui décéda le 18e juillet audit an.

Notre-Dame, galerie de l'horloge, dalle élevée, en marbre. — Antoine Trusson, moine de Toussaint, en devint abbé en 1558, après Claude Godet et se démit en 1571.

338.   **1622**

Cy devant gisent sous cette tombe blanche honnorables personnes Pierre Clément, vivant bourgeois de Chaalons, aagé de 53 ans, qui décéda le 22e jour de juillet 1622, et Louise Vinot, sa femme, aagée de 58 ans, qui décéda le 17e jour de novembre 1629. Priez Dieu pour leurs âmes.

Deux écussons : 1° deux épées en sautoir les pointes en bas, accompagnées en chef d'une rose ; — 2° (losange) un chevron soutenant deux colombes affrontées, accompagnées en pointe d'une rose.

Notre-Dame, au cimetière, à côté de la grande porte. Dalle en marbre, élevée.

La famille Clément fut reconnue comme noble par Larcher après avoir été ajournée par Caumartin. Nicolas seigneur de Pignolet, bailli de Châlons, mort en 1568. — Autre branche, ayant les seigneuries de L'Epine et de Melette, formée par un fils cadet du précédent. — D'or à trois cornets de sable, en face, l'un sur l'autre, le pavillon tourné à dextre, accompagnés en chef d'une étoile et en pointe d'une rose de gueules.

339.   1622

Cy devant gist noble homme M° Guillaume de Bar, conseiller du roy, receveur général provincial ancien et alternatif des deniers de la ville de Chaalons et capitaine des arquebuziers d'icelle, qui décéda le 2° jour de décembre 1622. Et D[elle] Perrette Dommengin, femme en deuxièmes nopces dudit sieur de Bar, laquelle décéda le 29 septembre 1624. Et Claude de Bar, leur fille, qui décéda le 21° jour de janvier 1628. Et noble homme François de Bar, leur fils, advocat en Parlement, aagé de 30 ans, qui décéda le 28 septembre 1630. Et D[elle] Perrette de Bar, leur fille, femme de noble homme Jean de Parvillez vivant conseiller du roy, grenetier au grenier à sel de Chaalons, laquelle décéda le 13 octobre 1663, aagée de 67 ans.

Ecusson chargé d'une fasce, accompagnée de trois

losanges en chef (de Bar). — Saint-Alpin, dalle en marbre, sous les orgues.

Guillaume de Bar, fils cadet de Pierre, grand prévôt en Champagne (1593), auquel remonte la maintenue de Caumartin, fut seigneur de Saint-Martin-aux-Champs, lieutenant des habitants en 1620, etc. Il épousa d'abord Antoinette de Rameru.

Dommengin, famille noble châlonnaise. Perette était fille de Prudent Dommengin, seigneur de Champagne, élu, et de Madeleine Chenu. — Parvillez, famille picarde venue à Châlons au commencement du xviie siècle : charges de finances et alliances notables dans la ville au siècle suivant. — D'azur au lion d'or, soutenu de trois croissants d'argent, au chef d'argent chargé de trois étoiles de gueules.

340. 1622

Cy devant gist honnorable hoe Jean Poiret, marchand bourgeois de ce lieu qui décéda le 12e septembre 1624, et Jeanne Poiret, fille dudit Poiret qui décéda le 5e jour de décembre 1623. Claudine Geoffroy, mère dudit Poiret, qui décéda le 30 janvier 1628. Et dam^{elle} Claude Le Febvre, femme dudit Poiret, qui décéda le 30 mars 1641. Et dam^{elle} Marguerite Poiret, fille aagée de 20 ans, qui décéda le 20e de juillet 1632. Et dam^{elle} Claude Poiret, femme d'honnorable homme Michel Jourdain le jeune, marchand de Chaalons, laquelle décéda le 12e septembre 1622, aagée de 21 ans. Et Nicolas Poiret, décédé le 22e juillet 1643.

Deux écussons : 1° Deux épées en sautoir, les pointes en bas, accompagnées en chef d'une étoile ; — 2° (losange) un chevron accompagné de deux panaches et d'une tête de Maure.

Saint-Alpin. Dalle en marbre, au premier pilier.

341.   **1623**

Cy gist le corps de damoiselle Anne Gargam, vivante femme d'honnorable homme Mre Jean Deu, greffier à Chaalons, qui décéda le XIIIe jour de juillet 1623.

Ecusson chargé d'un chevron accompagné en chef de deux couronnes et en pointe d'une patte de griffon. — Saint-Alpin, dalle en marbre au 7e pilier, du côté de l'Evangile.

Rameau des Deu de Vieux-Dampierre. Jean Deu, époux de Louise Valjouy (voir an 1587), eut deux fils : Alpin, avocat, marié en 1580 à Marguerite Itam ; Jean, susdit, marié à Anne Gargam, fille de Pasquis, d'où une nombreuse descendance, dont les fils entrèrent dans les fermes royales.

Dans l'Armorial de 1697, la famille Deu fit enregistrer ses armes : d'or au chevron d'azur, chargé en chef d'une étoile d'or, accompagnée de deux couronnes de laurier de sinople et d'une patte de griffon de sable en pointe. Les armes adoptées sont : d'or au chevron d'azur, accompagné de trois pattes de griffon de sable, dans la maintenue de noblesse accordée le 15 septembre 1748, à Pierre Deu, chevalier, seigneur de Vieux-Dampierre, Saint-Remy, Malmy, Montain, Villers-aux-Corneilles, lieutenant général au présidial.

342. **1623**

Cy gist vénérable et discrète personne Mre Claude Geffroy, natif de Thiéblemont, pre licencié en droit, jadis grand archid. de Chaalons, chanoine de l'église de céans et de la Trinité, vic. gnal de l'évesché et offl. de Chaalons, lequel après son testa accomply a donné à l'église de céans le reste de son bien pour le parachever, qui décéda le 3 juillet 1623. Et vénérable et discrète personne Mo Franc. Poi..... pre et grand archidiacre de Chaalons, chanoine de céans, et petit nepveu dudit Geoffroy, qui décéda le 14 janvier 16.9.

Cathédrale. Ecu chargé d'une étoile entre deux épées.

343. **1624**

Reverendissimus in Christo pater D. D. Cosmus Clausse de Marchaumont, episcopus et comes Catalaunensis par Franciae, sancti Petri ad Montes Catalaunensis abbas commendatarius, a secretioribus consiliis regis, collegii societatis Jesu, hac in urbe couventus Minimorum Vitriacensium in hac diocesi fundator primarius, eruditione et eloquentia clarissimus, necnon juris utriusque doctor, in hac ima templi parte, in qua subsidunt egeni sepulchrum magno humilitatis exemplo delegit : ut quos temporalium bonorum heredes instituit, habeat pro æterna requie oratores. Is in celebri astantium, orantium, lugentium, decedentis pietatem, constantiam, et novissima verba observantium corona, in senectute bona, in misericordia uberi, plenus dierum, aetatis nempe 76, episcopatus 49, reparationis humanae 1624. Kal. april supremum diem feliciter clausit.

Cathédrale. — Cosme Clausse avait succédé en 1574 à son frère Nicolas ; il joua un rôle actif dans la région durant la Ligue qu'il avait embrassée avec ardeur. Pendant une absence qu'il fit à Reims, à son retour, il trouva les portes de Châlons fermées, et ne put y rentrer qu'après avoir fait sa soumission à Henri IV.

344. 1624

Cy dessous gisent les corps de Claude Havetel, vivant escuier seigneur de Vaucienne, du Camois, la Tour et Champoulin, conseiller du roy, secrétaire ordinaire de sa Chambre et trésorier du roy des fortifications de Sa Majesté, receveur général des gabelles, taillon en la gnalité de Champagne, l'un des magistrats et eschevin concierge de police de Chaalons, lequel est décédé le 8e jour de novembre 1645. Et dam^elle Nicole de Chastillon sa femme, laquelle décéda le 16e jour de septembre 1624. Et damoiselle Magdeleine Havetel, leur fille, qui est décédée le 10e jour d'octobre 1646. Priez Dieu pour leurs âmes.

Deux écussons, l'un chargé de deux licornes debout et affrontées avec un cygne en pointe ; l'autre (en losange) chargé de trois fers de moulin (Châtillon).

Notre-Dame, au bas de la nef. Dalle en marbre, élevée.
— Havetel, famille qui paraît au xvie siècle dans le conseil de ville.

345. 1624

Cy devant gist honnorable homme Jacques Horguelin, vivant marchand chausetier demeurant à Chaalons, qui décéda le 14e jour de septembre 1624. Priez Dieu pour son âme.

Ecusson d'or au chevron d'azur accompagné en chef de deux panaches et en pointe d'une tête de Maure de sable.

Saint-Alpin, dalle en marbre, au nord de la galerie, côté du chœur.

346. 1624

Ci gist noble et prudent hoe François Garnier, vivant advocat en Parlement, qui décéda le.... 1624. *En bordure* :..... feme de noble et prudent home François Garnier, vivant conseiller........ de Chaalons....... laquelle décéda le 23 octobre 1626. Priez pour le repos de leurs âmes.

Saint-Loup. Ecusson chargé d'un chevron, accompagné de trois étoiles, 2 et 1.

347. 1624

D. G. M. V. Q. M.

Cy gisent Olivier Aubertin, vivant seigneur de Mauljouy, Jonchery et Souain en partie, qui décéda le 21 septembre 1624. Et damoiselle Anne Linage, sa femme, le 15 février 1655. Claude Aubertin, leur fils, vivant seigneur desdits lieux, décéda le 2e juin 1624, lequel a fondé à perpétuité une basse messe pour chacun jour à la fin de laquelle on doit dire un De Profundis sur sa fosse ; trois anniversaires de vigiles, trois hautes messes à chacun service et avec prières ordinaires les 21 septembre, 15 février et 22 juin. Il a de plus fondé pour satisfaire au testament de défunte Magdeleine de Saint-Remy, veuve de messire Nicolas Haale, décédée le 28 avril 1612, un obit le même jour, un autre le jour de Sainte-Marguerite, une messe basse avec le De Profundis sur sa fosse. Toutes lesquelles fondations ont été acceptées par ce couvent, ainsi paroist par les contrats passés devant Laguille et Piètre, notaires royaux à Chaalons le 16 juillet 1665 et ratifiées par le chapitre provincial tenu à Montoir le 4 mai 1668. Et Nicolas Aubertin et Anne de Linage, lieutenant général au bailliage de Chaalons, pairie de France, lequel décéda le 24 avril 1683.

Saint-Loup. — Anne de Linage était fille d'Adam, écuyer, seigneur de Loisy, archer des ordonnances du duc de Guise, et d'Adrienne de Paris de Branscourt.

Selon l'obituaire du couvent des Augustins, Claude Aubertin légua pour ces diverses fondations une rente de 370 livres 11 sols sur le prévôt des marchands de Paris.

348.   1624

Cy gist messire Michel Carlier, p^re demy prébendé en l'église de céans, natif de Rosny qui décéda le 19ᵉ juin 1624, a laissé à Mrs du Chap^re la somme de X livres pour faire chanter tous les jours après complies : Domine, Miserere nobis, et aux chap. de Congrég. la somme de IIIIxx l. tour. pour la fondation d'un obit perpétuel qui se dira tous les ans le 19ᵉ juin.

Cathédrale. Chapelle derrière le grand autel. — Ecu chargé d'une ancre en pal, traversant un cœur.

349.   1624

Cy devant gist noble homme Jean Mauclerc, vivant controlleur ordinaire et provincial de l'artillerie et munitions en Champaigne et Brie, qui décéda le 11ᵉ jour d'octobre 1624, aagé de 66 ans. Et d^elle Agnès Cuissotte, sa femme, laquelle décéda le 26 febvrier 1624. Et noble homme Jean Galet (?) vivant secrétaire de Monsr le procureur du roy qui décéda aagé de 42 ans, le 22 juin 1651. Et d^elle Agnès Mauclerc, sa femme, qui décéda......
.... Requiescat in pace.

Trois écussons : au centre, le seul déchiffrable, en losange, porte un chevron chargé de trois besans. (Cuissotte).

Saint-Alpin. Dalle en marbre sous les orgues.— Agnès Cuissotte, fille de Claude, seigneur de Gizaucourt et de Claude Le Folmarié.

350. **1624**

Paulus Marines sacerdos hujus insig. ecclesiæ quondam canonicus theologus, archid. Joinvillæ ingressus est in viam universæ carnis anno salutis humanæ 1624, die octobris, qui dum vitæ mortali fungeretur pro viris et mortuis sacrificavit et oravit, ita nunc superstitum sacerdotum sacrificia et piorum omnium orationes et suffragia silens afflagitabat.

Deus meus susceptor meus et Deus meus misericordia mea.

Ecu : un chevron accompagné de 3 trèfles, celui de pointe sur un croissant.

351. **1624**

.... et Jeanne Chastillon femme de.... Dubois, qui décéda le............ 1624 Chastil-............ et Anne Chastillon, fille desdits lon et Hennequin, femme d'honorable homme Claude Rapinat, bourgeois de Chaalons, qui décéda le 2ᵉ septembre 1608.

Notre-Dame.

352. **1624**

.... Anthoine Pigal, bourgeois. .. .. dame Jacquette Charpentier, sa femme, laquelle pour le repos de leurs âmes a fondé un obit en l'église de céans qui se chantera le jour de son trespas qui eut lieu le 5ᵉ jour d'avril 1651. Et François Pigal leur filz qui décéda le 2 octobre 1624.

Notre-Dame.

353. 1625

Cy devant gist noble homme Jean Guillaume, sgr de Saint-Eulien et du domaine de Vassy, décédé le 14ᵉ mars 1625.

Saint-Alpin. Dalle en marbre, sous les orgues.

En 1624, Louis du Châtelet, baron de Cirey, vendit, le 16 décembre, la seigneurie de Saint-Eulien à Pierre Guillaume, contrôleur général des gabelles en Champagne. — D'argent au chevron d'azur, accompagné en chef de 2 roses de gueules, et en pointe d'une hure de sanglier de sable.

354. 1625

Ci gist au pied de cet autel, avec les corps des sʳ et dame de Florent, ses père et mère, très vertueuse et noble dame Louise de Braux, dame de Bellay, du Pré du But, d'Escarde, des Essarts, de Bouchy et de Ponthion, vefve d'honneste seigneur mess. Robert de Géresme, chevalier, baron de Ferrières et seigneur desdits lieux, laquelle décéda le 14ᵉ juin 1625. Dieu soit prié pour elle.

Ecusson parti : chargé d'une croix et d'un dragon.

A Notre-Dame, chapelle d'Espense, dalle élevée, en cuivre.

355. **1624**

Ci gist noble home Michel Brissier, vivant bourgeois de ceste ville, procureur des révérends pères religieux de céans, qui décéda le 8 juin 1626. Aussy damoiselle Marie Laguille, feme dudit Brissier, laquelle..........

Saint-Loup. Provenant des Jacobins.

356. **1626**

Cy damoiselle Charlotte Le Besgue, femme de feu Pierre Braux, escuier, dem¹ en ceste ville de Chaalons, laquelle aagée de 74 ans a payé le tribu à la nature le 17ᵉ de septembre 1626. Pauvres affligez, priez Dieu pour son âme, elle a eu soin de vous. Et Pierre Braux, escuier, sʳ du Sorton et de Marson en partie, leur petit-fils, conseiller du roy, trésorier gal des finances en Champagne, qui décéda le 29ᵉ jour de juin 1650. Et damᵉˡˡᵉ Claude Horguelin, sa femme en 1ʳᵉˢ nopces et en secondes nopces de Mᵉ Nicolas Le Tartier, escʳ seigneur de Grignon, conᵉʳ du roy et trésᵉʳ de France en lad. province, laqᵉˡˡᵉ décéda le 27 de may 1656.

Ecusson parti : 1° de gueules au griffon d'or ; 2° d'azur au lion d'argent, éperonné, tenant une épée mise en pal, la pointe en bas.

Saint-Alpin. Dalle en marbre, au 8ᵉ pilier de la nef, vers l'Epître.

Pierre Braux, écuyer, seigneur de Sorton, né le 8 août

1551, fils de Nicolas, seigneur de Saint-Valery, qui se fixa à Châlons vers 1550, après avoir vu sa maison patrimoniale de Sainte-Ménehould démolie par ordre du gouverneur, épousa Madeleine Le Besgue, fille de Martin, maître des eaux et forêts de Saint-Dizier. Leur fils fut contrôleur général des finances en Champagne. Claude Horguelin, fille de Nicolas seigneur du Chesne et de Colette Linage. Nicolas Le Tartier était fils de Nicolas, président trésorier de France et de Bonne Braux, fille de M. de Sorton.

357.   1626

Arreste ici, passant! C'est le lieu où repose le noble Pierre de Bar, jadis sgr de Souin et de Jonchery en partie, con{er} du roy et prévost général de nosseigneurs les connestable et maréchaux de France ès provinces de Champagne et de Brye, qui par son intégrité en sa charge l'espace de trente-neuf ans, son affection au service du roy, sa constance en l'une et l'autre fortune, finissant une vie louable par une heureuse mort, a mérité ce marbre pour sa mémoire et pour la consolation des siens. Il décéda le 28 déc. 1626.

Saint-Jean. — Pierre de Bar, neveu du sieur de Saint-Martin sus-mentionné, capitaine de l'arquebuse de 1607 à 1619, grenetier à Châlons, marié à Catherine Lallemant de Lestrée.

358.   1627

Cy devant gist le corps de Jeanne Regnault, vivante femme de honeste homme Pierre Pannetier, marchand selier, demeurant à Chaalons laq^elle décéda le 11e mars 1627, et Pierre Pannetier, mary de ladicte Regnauld, qui décéda le IVe de juin 1629. Priez Dieu pour son âme.

Ecusson portant un chevron, accompagné de 3 trèfles.

A Notre-Dame, au cimetière, vers la porte de droite. Dalle en marbre, élevée.

359. 1627

Cy gist dam^elle Geneviève Fagnier, en son vivant femme de noble homme Gilles Jacobé, seigneur des Mo........ cons^er du roy eslen en l'eslection de Vitry-le-François, qui décéda le 26e jour du mois de mars 1627. Laquelle par son testament passé p^r devant Crété et Le C.... n^res royaus aud. Vitry, le 3e jour dudit mois de mars, a laissé et légué à l'église et fabrique de céans la somme de 4,000 l. à charge et condition que ladite fabrique sera tenue de faire dire et célébrer à ppétuité tous les jours une messe qui se sonnera à huit heures et après icelle le *de profundis* avec les prières accoutumées sur la fosse de ladite Fagniere (*sic*), et encore trois services par chun an et ppétuellement et à chun d'iceux trois hautes messes, vigilles et prières accoutumées, l'un le 5e d'avril qui est le jour du décès de feu Jean Braux, vivant escuier, dem^t en ceste ville de Chaalons, ayeul de laditte Fagniere ; l'autre le 4e d'octobre, jour du décès de feu demoiselle Geneviève Braux, mère d'icelle Fagnier, et le troisième le 16e mars, jour du décès de laditte Fagnier. Priez Dieu pour son âme.

Ecu en losange portant un chevron chargé de 2 lions, accompagné de 3 étoiles.

Saint-Alpin. Dalle en marbre, au neuvième pilier.

Famille donnée comme originaire d'Irlande. François Fagnier était lieutenant des eaux et forêts d'Epernay et montagne de Reims en 1560. Geneviève était fille de François, président en l'élection de Châlons où il épousa en 1589 Marguerite Braux, fille de Jean, écuyer, seigneur de Saint-Valéry, fils de Nicolas, et de Léonarde Thibaut ; une des sœurs de Jean Braux épousa Charles Deu, écuyer, seigneur de Vieux-Dampierre.

Jacobé, ancienne famille de Vitry qui a formé de nombreuses branches : Soulanges, Arambecourt, Naurois, de la Franchecourt, de Goncourt, etc. — D'azur au fer de moulin d'argent, accosté de deux épis de blé d'or, les tiges passées en sautoir vers la pointe de l'écu.

360.   1627

.... Louise Ytam, femme de noble homme Pierre Chastillon *(sic)*, bourgeois de Chaalons, premier sindic ordoné par Sa Sainteté pour les RR. PP. Récollets de ceste ville, lequel au mois de may 1625 fict ieter les fôdations de cette église et couvent et des aulmonnes des gens de bien tant de la ville que d'ailleurs parachever tous les bâtiments dans le moys d'aoust 1627. Laquelle Louise aagée de 49 ans, décéda le jour de la Nativité de la Sainte-Vierge à huict heures du soir de ladite année 1627. Priez Dieu pour son âme. Ledit Pierre de Chastillon est décédé........ 1635, à l'âge de 53 ans. Credo firmiter resurrectionem.

Ecu en losange portant deux épées en sautoir, les pointes en bas, accompagnées en chef d'un besant. — Aux Récollets.

Pierre mourut le 29 novembre. — Le couvent des Récollets est occupé aujourd'hui par les dames de la Congrégation.

361. 1627

Cy gist noble homme François Paillot, marchand de drap à Chaalons, natif de Troyes, qui décéda le 14º septembre 1627, aagé de 47 ans. Priez Dieu pour luy.

Ecusson d'azur au chevron d'argent surmonté d'une étoile d'or, accompagné de feuilles d'orme de même ; au chef de gueules chargé de trois couronnes d'or.

Notre-Dame, au milieu de la nef. Dalle en marbre, élevée.

Paillot, ancienne famille troyenne, titrée depuis comte.

362. 1627

Cy gist Nicolas Mahon, maistre sellier à Chaalons, qui décéda le 6 may 1627, aagé de 55 ans, et Jeanne Contat, sa femme, le 16º de septembre 1640. Et Marguerite Mahon, leur fille, qui décéda le 10ᵉ d'octobre 1642, aagée de 35 ans. Priez Dieu pour eulx : Unam petii a Domino......

Ecu chargé d'un chevron, accompagné de trois roses tigées. — Notre-Dame.

363.   1628

Cy gist vén. et disc. pers. Mᵉ Etienne Doujames pʳᵉ chan. de céans qui décéda le 20ᵉ febvrier 1628, et maistre Pierre Le Folmarié, aussy pʳᵉ chan. de ceste église, nepveu dudit Doujames, oncle de Nicolas Appert, qui décéda le 27ᵉ mars 1659. Et Nicolas Appert, chan. de céans, nepveu des susdits, qui décéda le 12ᵉ may 1653.

Ecus aux quatre coins : 1° Deux épées en sautoir, les pointes en bas, accompagnées en chef d'une étoile ; 2° une aigle éployée (Le Folmarié).

Dalle en marbre noir contre la porte de la nouvelle sacristie, vers la petite huisserie, à la cathédrale.

Le Folmarié, très ancienne famille châlonnaise, maintenue le 2 janvier 1518. Guillaume, lieutenant du capitaine royal, 1420.

364.   1629

Cy gist Claude de Cuissotte, vivàt escuyer, seigneur de Gizaucourt, S.-Mard-sur-Aulve et Aulve, consᵉʳ du roy, trésorier de France et gal des finances en la pvince de Champᵉ au bureau estably à Chaalˢ, fils de Nicolas de Cuissotte, escuyer, sʳ de Bierges et Gizaucourt, et de dame Marie Lallement ses père et mère, qui décéda le 26ᵉ septembre 1629, aagé de 27 ans. Priez Dieu pour luy.

Icy repose dame Marie de Cuissotte de Gizaucourt, dame de Bayarne et de Soulange, épouse de messire Jérôme de Goujon de Thuisy, seigneur marquis de Thuisy, de Vraux, de S.-Lorent, La Croix-en-Champagne, S.-Mard-les-Rouffy et autres lieux, sénéchal héréditaire de Reims, laquelle décéda le 7ᵉ janvier 1638, aagée de 23 ans, 3 mois. Priez Dieu pour elle et pour son mary décédé en 1698 et lui aussy enterré sous cette tombe.

Icy reposent aussy leur fils Jérôme-Ignace de Goujon de Thuisy, marquis de Thuisy, comte d'Autry, sénéchal héréditaire de Reims, seigneur de Luches, etc., décédé le 6 novembre 1704. Et sa femme Anne-Françoise de Nettancourt-Vaubécourt-Haussonville, dame de Pacy-en-Valois et Challerange, décédée le 21 juin 1717. Priez Dieu pour leurs âmes.

Grande dalle en marbre noir avec les armoiries aux angles. Elle était originairement dans la chapelle des Jacobins et fut transportée à Saint-Alpin, en 1697, avec les corps qu'elle recouvrait.

Lallement de Lestrée : de sable au chevron accompagnée de 3 étoiles, le tout d'or, celle de pointe sommée d'un besant d'or.

Goujon de Thuisy : écartelé d'azur au chevron accompagné de trois losanges d'or et de gueules au sautoir engrelé d'or cantonné de quatre fleurs de lys d'argent.

Nettancourt : de gueules au chevron d'argent.

La famille Cuissotte reconnue par sentence du bailliage de Château-Thierry, du 23 mai 1447 ; titre comtal en 1691. — Goujon, famille rémoise connue dès le XVe siècle ; substituée en 1515 par mariage à la maison chevaleresque de Thuisy : marquisat érigé en 1680.

365.   1629

Cy gist Nicolas Havetel, bourgeois de Chaalons, qui décéda le 3e jour d'avril 1629, aagé de 42 ans, et damelle Benigne Le Roux, sa femme, qui décéda le 18e jour de janvier 1640, aagée de 58 ans. Et damlle Margte Havetel, vefve de feu noble homme Antoine Deparvillez, vivant bourgeois de Chaalons, laquelle décéda le 1er jour de janvier 1672, aagée de 97 ans.

Ecusson chargé de deux licornes debout, affrontées, accompagnées en pointe d'une. . . . .

Notre-Dame, dans la nef vers l'orgue. Dalle en marbre.

366.   1630

Cy gist le corps de Me Jehan Ourry, prebtre, licencié ès arts, chanoine de Notre-Dame-en-Vaux et chapelain de l'ancienne congrégation de l'esglise de céans, natif de la Chapelle, lequel a fondé un obit annuel et perpétuel en ladite congrégation, qui décéda le 17 apvril 1630. Priez pour luy.

Ecusson portant deux épées en sautoir, les pointes en bas, accompagnées en chef et en pointe de deux cœurs, et en flanc de deux étoiles.

Dalle en marbre noir, entre le deuxième et le troisième pilier, à Notre-Dame. — Famille bourgeoise de Châlons connue dès le commencement du xvi° siècle.

367.   1631

Cy gist noble homme Jean Deya, s' de Ban.... court et Marson en partie, qui décéda le 3° d'aoust 1631, et dam^lle Marie Langault, sa femme, qui décéda le 11° d'avril 1635.

Deux écussons : 1° d'azur au chevron d'or accompagné de trois œillets d'or (Deya) ; 2° (losange) d'azur à deux épées en sautoir, les pointes en bas, d'argent, montées d'or (Langault).

Notre-Dame, en bas de la nef. Dalle en marbre.

Ancienne famille. Louis Deya, bailli de Châlons, mort avant 1611. — Langault, famille remontant à Collesson, seigneur de Breuvery, Marson, en 1499 ; Marie, fille de Jacques, écuyer, seigneur de Marson, Breuvery. Maujouy, échevin, et de Claude Aubertin.

368.   1632

Cy devant gist noble home maistre Jean Le Clerc, vivat coseiller du roy esleu et control. p^r sa M^té en l'élection de Chaal., qui décéda le 16° mars 1632. Et dam^lle Marie Mongeot, sa feme, laquelle décéda le 11 feb. 1642, lors espouse de Pierre Lallement, esc^r, s^r de Lestrée, Bussier^e Marault, Barnay, etc..... Priez Dieu por eux.

Cathédrale. — Pierre Le Clerc, marié en 1619, écuyer, seigneur de Morains ; son fils aîné devint trésorier de

France ; un autre, receveur général des décimes, n'eut qu'une fille, mariée à M. Larcher de Pocancy, dont la petite-fille épousa le marquis d'Argenson.

369. 1633

Cy gist honnorable homme Nicolas Contat, m⁰ chirurgien en ceste ville, qui décéda le 28 aoust 1633, Et Claude Contat, sa fille, femme en secondes nopces de Pierre Pichotel, qui décéda le 26ᵉ septembre 1681. Et Simon Hanrot, mᵉ drappier, qui décéda le 25ᵉ janvier 1697, Et Louise Pichotel, sa femme, qui décéda.............

Deux écussons : 1° une chèvre grimpant et broutant contre un arbre ; 2° un chevron accompagné de trois losanges.

Saint-Alpin. Dalle en marbre, au bas, proche le quatrième pilier du mur.

370. 1633

Anno 1658 die decembris 13ᵉ obiit fere octuegenarius et subjacet nobilis Andræas Lallement maritus pridem nobilis quoque Petronillæ Chastillon defunctæ 27 décembre 1633: Vixit hæc pietate insigni ille subquœstor regius annis XXXII patricius XXXXII, œdilis in præfectura demum functus urbana sic egit ut nemine lœso nec circumvento exiguum hoc curari monumentum optimis parentibus sit ausus filius eorum primogenitus paterni amoris non immemor.

Notre-Dame. Plaque en cuivre. — Ecusson des Lallement de Lettrée. André fut lieutenant de ville de 1647 à 1649.

371.   **1695**

Cy gist vén. et disc. pers. Mre Hugues Dommengin p^re bachelier en théologie, arch. d'Astenay et gr. vic. de Mgr l'év. et comte de Chaalons, qui décéda le 27e jour de juin 1635.

> Averte homo quia ti......
> Et non sis superbus, quia deo
> Con...... et non sis ingratus.

Et vén. et discr. pers. Mre Jean Dommengin p^re doct. en th. arch. de Vertus en l'égl. de céans, qui décéda le 6e jour de mars 1690. Priez Dieu pour le repos de son âme.

> Hic reponuntur donec
> Veniat immutâo
> Mea

Autour : Et vén. et disc. pers. Mre Jacques Linage p^re chan. théol. et arch. en ceste esglise, vic. gal et grand p.......... de Mgr l'év. et c. de Ch. pair de France, nepveu des susdits Dommengin, qui décéda le 20 déc. 1676,

Aux angles : écus portant un chevron accompagné de deux roses et un croissant, Au bas : les armes des Linage. Celui-ci fils de Louis, écuyer, et de Marie Dommengin (dont une fille épousa M. Charles Deu, seigneur de Vieux-Dampierre.)

Cathédrale. — Hugues, seigneur de Champagne, était

fils de Prudent Dommengin, Elu, marié en 1559 à Madeleine Chenu de Germinon. Jean, son neveu, fils de Jacques, seigneur de Champagne et d'Herpont, Elu, marié à Anne de Bar.

372. 1635

O mater memento mei ego in Domino gaudebo et exultabo in Deo Jesu meo.

Cy devant gist Pierre Marchis, vivant garde ord^{re} prov^l de l'artillerie de France au départem^t de Champ^e et Brie, lequel après avoir exercé sa charge pour le service du Roy, l'espace de 40 ans et plus, est décédé le 30 juin 1635, aagé de 68 ans. Et damoiselle Marie Le Fel, sa femme, laquelle décéda le 26e de mars 1648, aagé de 68 ans. Et m^{re} Claude Marchis, leur second fils, docteur en médecine en l'Université de Montpellier, lequel décéda le 30e octobre 1632. Et damoiselle Anne de Festier, vivante femme de Me Philbert Marchis, garde ord^{re} et prov^l de l'artillerie de France au départem^t de Champagne et Brie, décéda le 9e mars 1636.

Trois écussons : l'un portant trois tubes (?) en pal : 2-1, avec une tête de bélier en chef ; l'autre un chevron accompagné de deux grappes de raisins en chef et une gerbe en pointe. Le dernier, d'argent au chevron d'azur, accompagné en chef de deux besants et en pointe d'une pomme de pin d'azur.

A Notre-Dame, muraille du côté de l'Evangile, allant vers les fonts. Tombeau élevé en cuivre.

373. **1635**

..........Godet, écuyer, seigr de Farémont en partie.......... et.......... qui décéda le 10e juillet 1635.......... Raulet, sa femme.......

Notre-Dame. — Armes aux quatre coins. Notre-Dame.
Probablement Jean-Baptiste, fils puîné de M. de Farémont et de Emonde Morel. — Raulet, famille de Châlons : Claude, procureur de la ville en 1514, seigneur de Mutigny, d'azur au lis d'argent, au chef d'or, chargé de trois taus de sable.

374. **1635**

Cy devant gist messire Jean de Morillon, vivant seigr de Marne la Maison.......... la Bardolle, Juvigny, Reims-la-Brûlée, Vaubercy, etc. conseiller du roy en son conseil d'Estat....... et lieutenant général civil et criminel au bailliage de Vermandois à Chaalons, qui décéda le 18e de juin 1635. Et messire Jean de Morillon, son fils, écuyer, sgr desdits lieux, conseiller du roy en sa cour de Parlement à Paris, qui décéda le 15e de septembre 1640. Et dame Odette Sagerot, épouse dudit feu sr de Morillon fils, laquelle décéda le 15e d'octobre 1642.

Saint-Alpin, dalle en marbre au deuxième pilier, près de l'autel de la Vierge.
Jean épousa Perette Cuissotte ; il siégea au Parlement royaliste de Châlons. — Odette Sagerot, fils du sieur d'Avon et d'Odette Hennequin.

375. 1636

Viro nobili Claudio de Bar tam pietate et eruditione quam virtute insigni, qui belli et pacis temporibus regi et patriæ nunquam defuit, usque adeo in acie Pringiacensi 36 vulneribus acceptis pars. victoriæ nihilominus fuerit; quique salarii vectigalis coactor annl° dux. sclapetariorum urbis et ductor peditum e delectu civium, ita se gessit in his et in aliis primis muneribus urbicis quibus perfunctus est laudabiliter est sine invidia laudem invenerit et cum anno ætatis suæ 76, 4° mensis in non apr. 1636 jam proatus sibi consciam deo animam reddidit insolubile sui desiderium cunctis civibus quos amore, cura et studio complexus fuerat victurus semper in gratia recordatione reliquerit. Suzanna Le Duc viduata optimo conjuge Petrus de Bar, orbatus excellentissimo patre et filiæ desolatæ hoc pietatis amorisque monumentum posuerunt.

Saint-Alpin. — Dalle en marbre noir, avec armoiries aux angles. — De Bar: d'argent à la fasce de sable, surmontée de trois losanges de gueules, rangées en chef.

Claude de Bar, frère de Claude sus-mentionné écuyer, seigneur de Jonchery, Souain, grenetier, gouverneur municipal en 1604, capitaine de l'arquebuse de 1585 à 1607. — Son fils Pierre, grenetier du roi, mort en 1681, sans alliance. — Suzanne le Duc, fille de Jean, seigneur de Compertrix, échevin, et de Anne d'Origny.

Saint-Pol, gouverneur de Reims pour la Ligue, avait battu le maréchal d'Aumont poursuivi jusqu'à Saint-Amand ; il s'empara alors du château de Pringy, sis à une lieue, et s'y établit fortement. Les gens des environs s'adressèrent à M. de Thomassin, gouverneur royal de Châlons, qui, avec un certain nombre de volontaires châlonnais, et les troupes du comte de Grandpré, repoussa l'ennemi dans Pringy ; le lendemain ils emportèrent la place, et Saint-Pol put à grand'peine s'enfuir avec quelques-uns des siens à Vitry. Grandpré y fut blessé mortellement (8 octobre 1589). On trouve dans la *Topographie* de Claude Chastillon une figuration de la *charge de Pringy*.

376.   **1636**

Cy devant gist Claude Billet, vivant escuier, s^r de Maljouy, Jonchery et Souin, cons^{er} du roy, controlleur général des finances en Champagne, qui décéda aagé de 55 ans, le 7e d'octobre 1640. Et dam^{lle} Guyonne Linage, sa femme, laquelle décéda aagée de 52 ans, le 11 juin 1644. Et Gédéon Billet, leur fils, qui décéda, aagé de 4 ans, le 3 aoust 1636. Et Anne Billet, leur fille, laquelle décéda aagée de 12 ans, le 3 sept. 1640. Et Gervèse Billet, leur fille, vivante femme de Claude T ne, laquelle décéda aagée de 20 ans, le 23 sept. 1645. Et G. Billet, escuier, s^r de Maljouy, aagé de 44 ans qui décéda le 6 juillet 1666. Et D^{lle} Jeanne de Bar, sa femme, aagée de 35 ans, qui décéda le 25 aoust 1665.

Saint-Alpin. — Plaque en cuivre.

Claude de Bar était échevin en 1560, et, ayant embrassé le protestantisme, fit une tentative de soulèvement de la ville en 1561, qui le fit arrêter ; aïeul du défunt. — Suzanne Linage, fille de Pierre, seigneur de Jonchery, et de Marie Deya.

Germain Billet, receveur général des décimes, épousa en octobre 1649 Perette de Bar, fille de Jacques, contrôleur général des décimes, et de Perette Mathé. — D'azur au chevron d'argent, accompagné en chef de deux moulinets d'argent, emmanchés d'or, et en pointe, d'une épée d'or.

Truc, ancienne famille châlonnaise : Jean, procureur du roi au bailliage. — D'azur au croissant d'argent, surmonté d'une étoile d'or, et accompagné de trois palmes de même.

377. **1637**

Cy devant g. le corps de feu Claude Grion, vivant arpenteur-juré, demeurant à Chaalons, paroissien de l'église de céans, qui décéda le 24e aoust 1637. Et g. aussy le corps de Jeanne Derodet, femme dudit Grion, qui décéda le 5e jour de janvier 1646. Requiescant in pace.

Ecusson en cartouche, d'azur au cœur de gueules, enflammé, chargé d'une croix et d'une fleur de lis.

A Notre-Dame, sur le troisième pilier de la galerie, côté de l'Evangile. Tombeau élevé, en marbre.

378. **1637**

C. g. noble homme maistre Jacque Josseteau, vivant greffier au bailliage de Vermandois à Chaalons, l'un des conseillers de ville, qui décéda le 26ᵉ jour de décembre 1637. Et damoiselle Catherine Ytam, sa femme, laquelle décéda le 21 mars 1655.

Deux écussons : une marguerite posée en pal, feuillée et tigée, accompagnée d'une bonne foy, en face, brochant sur le tout, chaque main tenant un rameau ; — 2º (losange) un fer à moulin accosté de deux épis, les tiges passées en sautoir, avec un lambel de trois pendants en chef.

Saint-Alpin. Dalle en marbre, au bas du pilier vers le Jubé, près la chapelle de la Transfiguration.

Ancienne famille établie au xvıᵉ siècle à Epernay et à Reims, où elle était doublement alliée aux Colbert. — Jacques avait pour père Guillaume Josseteau, bourgeois de Reims, dont la sœur, Jeanne, épousa Lancelot de la Salle, ayeux du Bienheureux Jean-Baptiste, fondateur des Écoles chrétiennes. — Catherine, fille de Nicolas, greffier du conseil de ville, et de Jacquette Guillemin. — D'azur à la fasce ondée, accompagnée de trois croissants, le tout d'or.

379. **1638**

Cy devant gist honorable homme Nicolas La Guide, marchand bourgeois à Chaal. aagé de 46 ans, qui décéda le 10ᵉ jour d'aoust 1638. Et

damoiselle Catherine Delaval, femme de Nicolas
La Guide, qui décéda le 21ᵉ octobre 1666. Requiescant in pace.

Deux écussons : 1° d'azur au chevron d'or, chargé de
trois roses de pourpre, accompagné en chef de deux
étoiles et en pointe d'une fleur de lis d'or ; — 2° en
losange : d'azur, à deux épées passées en sautoir, les
pointes en bas accompagnées d'une rose en chef et d'une
étoile en pointe.

Notre-Dame, au cimetière, près du grand portail. Dalle
en marbre, élevée.

380.   **1638**

Cy gist honeste homme Gilot Lasson, vivant mᵉ
orphevre bourgeois de Chaalons qui décéda le
20 juin 1638.

Saint-Alpin. — Ecu effacé. Son fils Nicolas, marié en
1618 à Perette Le Cerf, était également orfèvre à Châlons.

381.   **1638**

Cy gist vén. et disc. pers. Adrien de la Haye,
pre chan. de ceste esglise, qui décéda le 27 d'oct.
1638, Priez............ Et aussy Mre Jacques de
la Haye, son frère, son frère, pre chan. de céans ;
vic...... et official de ce diocèse, âgé de 27 ans,
qui décéda le 18 nov..........

Cathédrale. — Ecusson chargé d'un oiseau entre deux
palmes.

382. 1638

Cy gist vén. et disc. pers. Mre Mesmin Boucheron, proton. du diocèse de Chartres, p^re aumosnier de Mgr le duc de Nevers et chan. de ceste esg., qui décéda le 2 julllet 1638. Priez Dieu pour son âme.

Cathédrale. — Ecu surmonté du chapeau de protonotaire, portant un serpent enroulé autour d'une hache posée en barre.

383. 1638

Damoiselle Elisabeth Le Besgue, femme du sieur Le Goix, décéda le 15e juillet 1653. Et Guillaume Le Goix, fils de ladite damoiselle Le Besgue, vivant escuier, s^r de Basle, Marolles et Saint-Vrain, mareschal des logis, capitaine en divers régimens de gens de pied, qui décéda le 20e septembre 1638. Priez Dieu pour. Et Jean Lallemant, escuier s^r d'Herpont et Dompmartin, décéda le 18e septembre 1646, aagé de 84 ans. (*L'épitaphe Le Goix qui est autour de la tombe ne peut se lire.*)

Deux écussons: l'un portant un chevron accompagné de trois étoiles; l'autre, un chevron surmonté d'une étoile et accompagné de trois cœurs, au chef chargé de trois couronnes.

Notre-Dame, au milieu de la nef. Dalle en marbre élevée. — Le Goix, ancienne famille de Châlons, annoblie le 7 mars 1385; depuis 1417, elle a donné plus de vingt lieutenants de ville, ou gouverneurs municipaux. Guillaume Le Goix était fils de Guillaume Le Goix, seigneur de Cheminon, bailli de Châlons, et de Perette Lallemant, fille de Louis, seigneur de Lestrée, et de Colette L'Hoste. — Maintenue par Caumartin. — Ecartelé, d'azur à trois têtes de bélier d'argent et d'azur à trois roses d'or.

La famille Lallemant de Lestrée remonte à Remy, écuyer, vivant en 1480. Maintenue par Caumartin. — De sable au chevron d'or accompagné de trois étoiles d'or, celle de la pointe chargée d'un besant de même.

Ce Jean Lallemant était frère de Louis, susdit.

384.   **1639**

Cy gist noble homme Claude Le Moyne, cons^{er} du roy, esleu et cons^{er} en ceste eslection de Chaalons, l'un des eschevins de la ville, qui décéda le 29e jour de juin 1639, lors lieutenant de Monsr le gouverneur de laditte ville pour sa Majesté et lieutenant d'iclle ville. Et damoiselle Marie Chastillon, sa femme, laquelle décéda le 14e janvier 1653. Et damoiselle Nicolle Le Moyne, fille dudit sieur Le Moyne, vivante femme de noble homme Nicolas Dubois, bourgeois dudit Chaalons, qui décéda le 14e avril 1649. Et damoiselle Louise Talon, femme de noble homme Claude Dubois, bourgeois de Chaalons, fils de lad. Dubois et Le Moyne, laquelle décéda le 14e janvier 1655.

Deux écussons : l'un portant un fer de moulin accosté de deux palmes, au chef chargé de trois mouchetures d'hermine ; l'autre, en losange, chargé de trois fers à moulin (Chastillon).

A Notre-Dame, dans la galerie, côté de l'Evangile, vers le dernier pilier. Plaque en cuivre.

Le Moyne, ancienne famille de Châlons, où Dommangin Le Moyne était échevin en 1437. — D'argent à la bande de gueules, accompagnée de trois mouchetures d'hermine en chef, et en pointe d'un fer de moulin de sable, accosté de deux épées.

Nicolas Dubois, seigneur de Crancé, Villers, etc., juge-consul de Châlons en 1649, marié le 20 janvier 1631. Son fils fut trésorier provincial des guerres et eut pour arrière-petit-fils le célèbre conventionnel de ce nom.

385.   1639

Cy gist honorable homme Gabriel...... Billart, vivant an........... bourgeois de Chaalons, qui décéda le 25e juillet 1639, et damoiselle Christophe Dubois, native de Saint-Dizier, sa femme, morte le 29 septembre 1670, âgée de 64 ans, Et honorable homme Thibaut Charlot, chevalier de S. Hubert des Ardennes, qui décéda le 21 janvier 1725, dam^{lle} Charlotte du Bois, son épouse, natifve de Saint-Dizier, qui décéda le 11e mars 1730.

Notre-Dame. — Un cor au-dessus de l'inscription.

386.   1639

Cy gist Mre Claude de Bar, licencié en droit civil et canon, soubchantre de céans, promoteur......, ..., qui décéda le 2 juin 1639.

Cathédrale.

387. 1439

Cy gist vén. et disc. pers. Mre Isaac Chaunnelle, chanoine de ceste egle, aumônier de Madame la douairière de Guise, qui décéda le 29 juin 1639.

Cathédrale.

388. 1639

Cy devant gist Pierre Linage, vivant esc^er s^r de Jonchery, Souin, Villers-aux-Corneilles, Escury-le-Petit, Escury-le-Grand, Maujouy, Mahouy, Sompuy, S.-Pierre à Arnes, Faulx, Lucquy et Nouy, cons^e trésorier et receveur gal des maisons et finances de Son Altesse de Mantoue en France, qui décéda aagé de 80 ans, le 30e novembre 1639. — Philippe Linage, escuier cons^er du roy et trésorier de France en la Généralité de Champagne, son fils, qui décéda le 3e aoust 1631. — Messire Antoine-François Linage. cons^er du roy en sa cour de Parlement de Paris, son petit-fils, qui décéda en ceste ville le XI décembre 1657. — Dame Claude Linage...... épouse de Me Guillaume Hébert, s^r de Buc et Tou .... près Paris, laquelle estant en ceste ville avec ledit s^r Hébert son mary, durant les vacations dudit Parlement, décéda le 15e octobre 1658. — Mre Pierre Linage, chevalier, s^r de Jonchery, Souin, Villers-aux-Corneilles, Escury-le-Petit et Maujouy, fils de feu Pierre Linage et père desdits M^res Anthoine, François Linage et D^lle Claude

Linage, lequel décéda le 16 aoust 1663. Priez Dieu pour luy.

Écusson fruste. — A Notre-Dame, sur le septième pilier.

Pierre Linage, chef de la branche aînée, avait épousé Nicole Deya, fille de Pierre et de Claude Fautrey ; Philippe ne se maria pas. — Pierre, frère de Philippe, fut greffier de l'Election d'Epernay. — Antoine-François, son fils, ne se maria pas, et il n'avait qu'une sœur.

Pierre susdit était fils de Pierre Linage, écuyer, seigneur de Jonchery, Souain, etc., et de Anne de Rameru, famille du Bassigny. Jacques de Rameru épousa Marie Godet (dont des sœurs épousèrent Pierre Linage, seigneur de Jonchery, et Guillaume de Bar, veuf avant 1606) ; une fille de Pierre Linage et de Anne de Rameru, épousa, le 15 octobre 1623, Charles Deu de Vieux-Dampierre.

389.   1640

Cy gist noble homme Nicolas de Bar, vivant sgr en partie de Vitry-la-Ville, un des cons^{ers} de céans qui décéda aagé de 70 ans, le 28e de novembre 1640, et D^{lle} Marguerite Billet, sa femme, qui décéda le 17e de may 1658, aagé de 81 ans. Dieu leur fasse miséricorde par son fils.

Saint-Alpin. Dalle en marbre ; chapelle Saint-Nicolas.

Nicolas de Bar, frère du capitaine de l'arquebuse, acheta en 1610 une portion de la seigneurie de Vitry-la-Ville.

390.   **1640**

Cy gist noble homme Jacques Le Gorlier, vivant escuier, seigneur de Verneuil-sur-Marne, conser du roy et son procureur gnal au bureau des finances et domaines de la gnalité de Champagne estably à Chaalons, qui décéda le 28e jour de novembre 1640. Priez Dieu pour son âme. Et damlle Marie L'Espagnol, sa femme, fille de Claude L'Espagnol, en son vivant escuier, vicomte de Bouilly, seigneur d'Artaise et du Vivier, conser du roy et son procureur au siège royal et présidial et autres juridictions royalles de Reims, qui est décédée le 2e janvier 1646.

Ecusson d'argent à la fasce d'or, chargée d'une coquille d'or et accompagnée de trois molettes de sable, 2 et 1 (Le Gorlier).

Notre-Dame, au bas de la nef. Dalle en marbre, élevée.

Lespagnol, ancienne famille rémoise, remontant à Jean, mort le 15 mars 1570 et inhumé en l'église Saint-Denis de Reims. Claude fut lieutenant des habitants et épousa Nicole Moët, d'où un fils qui succéda à son père et Mmes Le Gorlier et d'Y de Séraucourt. — D'azur à la fasce d'argent, accompagnée en chef de deux têtes de chien d'or, et en pointe d'un vase, le tout d'argent.

391.   **1640**

Soubs ce marbre repose, attendant la résurrection, le corps de damlle Catherine-Françoise des

Salles, fille d'honor. seigr messire Henry des Salles, chevalier, baron dudit lieu, seigr des Vothons-en-Barrois et de Goussey, etc., et d'honorée dame Marie-Magdeleine d'Aultry, son épouse, laquelle décéda fille le 29e novembre 1640, aagée de 9 ans et 9 mois.

> Si l'esprit ravissant l'amour de Dieu, la grâce,
> Le rare jugement en cet âge enfantin
> Eussent pu de la mort éviter le destin
> Elle fust immortelle et non en ceste place.

Cathédrale. Deux écussons.

Vouthon, canton de Gondrecourt (Meuse). Jean de Génicourt, vicomte de Levignem et de Betz, seigneur de Condé, Grand-Ham, conseiller d'Etat, obtint en février 1613, l'érection de la chatellenie d'Autry (Ardennes), en baronnie, avec la permission de porter le nom d'Autry. — De gueules au sautoir d'or.

392. 1641

Amandus Jourdain non minus virtute quam nomine suis et omnibus amandus in justo labore campestrique œconomia vitam patrum imitatus; tandem septuagenarius pio et felici obitu decessit exuviasque mortalibus sub hoc templi atrio deposuit in novissimum diem 6° octobris 1641. Uxor amabilis Claudia Babault conjugi dos opima valde suæ domus columen et gloria per multos dies de hoc seculo charitas vitæ sanctimonia bene merita octogenaria obdormivit in domino subjunctaque maritui tumulo 9° aprilis anno 1652 : quorum memoria in benedictione et posteritas in æternum.

Ecusson parti : 1° d'or à l'arbre arraché de pourpre, accosté de deux étoiles de gueule (Jourdain); 2° d'azur au chevron accompagné de trois étoiles d'or.

A Notre-Dame, au cimetière, au pied du grand clocher. Dalle en marbre, élevée.

Guillaume Jourdain, demeurant à Eclaron, fut reconnu noble et vivait en 1399; son petit-fils obtint des lettres royales de réhabilitation du 19 mai 1468. Fixée à Châlons en 1545, par mariage de Jean avec Marguerite Noël; le défunt était son petit-fils. Nombreuses charges de robe à Châlons. Seigneuries de Poix, Marson, etc.

393.   1641

Icy devant Monsr Denis de Rochereau, en son vivant esc^{er} s^r de Hauteville et de Blaise, lequel après avoir vescu dans une estime parfaite de vertu et de probité, décéda le 15° jour de décembre 1641, aagé de 61 ans. Et dame Jacq^{ette} Dupuis, dame du Boschet, sa femme, laq^{lle} ayant vescue et imitée durant sa vie les vertus de son mary et pratiqué la charité envers les pauvres de tout son pouvoir, décéda le dernier jour de décembre 1654, aagée de 68 ans. Comme aussy dame Antoinette de Rochereau, leur fille, en son vivant femme de messire Jean de Morillon, esc^{er} de Reims-la-Brûlée, Coupetz et La Bardolle, cons^{er} du roy en sa cour de plemt de Metz, laq^{lle} a vescu avec estime et vertu et est morte avec une constance peu commune à son sexe et à son aage. Elle décéda le 9ᵉ juillet 1639, aagée de 18 ans. Et dame Agnès Horguelin, espouse de Mʳᵉ Louis de Rochereau, leur fils, escuier, sʳ desdits lieux de Hauteville et de Blaise, consᵉʳ du roy audit parlment de Metz, laquelle décéda le 8ᵉ septembre 1653, aagée de 32 ans, laissant un mary comblé de deuil et de douleur pour la perte extrême qu'il a faite d'une si bonne et vertueuse femme. Et ledit Mʳᵉ Louis de Rochereau chlᵉʳ, seigʳ de Hauteville et de Blaise, qui décéda le 11ᵉ febvrier 1679, aagé de 65 ans, regretté de tous les gens de bien comme un plaitement honneste homme et de sa famille comme le meilleur père du monde.

Quatre écussons : 1° une épée mise en bande, la pointe en bas, au chef danché ; 2° une herse ; 3° un chevron accompagné en chef de deux panaches et en pointe d'une tête de Maure (Horguelin); 4° parti 1° à la fasce de gueules, chargés de deux filets ondés d'argent, accompagnée de trois trèfles de sable (Morillon) et 2° une herse.

Saint-Alpin. Plaque en cuivre à la muraille, dans la chapelle de la Transfiguration.

Maintenue de Caumartin. — Louis Rochereau, gouverneur municipal en 1645. Louis II laissa trois enfants : Louis (1644-1715), chanoine de Metz et conseiller clerc ; Denis, conseiller au grand conseil ; Jacquette. — D'azur à la herse aux pieds fichés d'or.

394. 1642

Cy gist vén. et disc. pers. M^ro Claude Picart, pbre licentié en droit, chan. et grand arch^re de ceste egl., official de Chaalons, qui a fondé une messe............ décéda le 22 de may 1642. Et Mre Claude Picart, son nepveu aussy pr^re et chan. de ceste esglise, qui décéda le 11 janv. 1651.

Cathédrale. — Een portant deux épées en sautoir, accompagnées d'une étoile en chef.

395. 1642

Cy devant, dans ce caveau gist noble homme Nicolas Varin, bourgeois natif de Chaalons, qui après avoir rendu de bons services au public, fut élu à la charge de gouverneur de ville où il se comporta en homme vrayment zélé pour le bien de sa patrie. Il décéda aagé de 63 ans, le 5e janvier 1642. Et damoiselle Marguerite Deu, sa femme laquelle décéda aagée de 66 ans, le 3e jour d'aoust 1646.

Deux écussons : l'un d'azur à trois cygnes d'argent, 2 et 1 (Varin) ; l'autre d'or à la fasce d'azur accompagnée en chef de trois canettes et en pointe d'un arbre arraché de sinople (Deu).

A Notre-Dame, muraille de la galerie du côté de l'Evangile. Tombeau élevé, en marbre.

396. 1643

Piis manibus Mag. Jacobi Jacquemin sacerdotis qui quondam in hac parrochiali basilica clerici munus per decem amplius et septem annos pie sustinuit vinctos regiis carceribus oibus officiis devinxit tam animæ quam corporis per octennium absolvit trimestre supremum inter ægrotos xenodochii vices gerens absentis pastoris sudore continuo inde viribus exhaustis lenta febri quinquagenta et octo diebus dissolutur est ætatis anno pene sexagesimo 2° Christi 1643 XIII calendas martii bene precare et vale.

Saint-Alpin. Dalle en marbre au cinquième pilier du chœur, côté de l'Evangile.

397. 1643

Piis manibus mag. Petri Fiévé presbyteri Cathalaunæi quem elegit in rectorem hujus ecclesiæ R. in Christo P. ac D. D. Joa. Garnier dum ab Henrico magno de parocho promotus in epum Montispessulani, hujus ut in munere ita in virtute successor fuit ecclesiam quam suscepit vivens moriens suam fecit hæredem eet qui fuit pastor 42 annis semper eet parem parentalia instituit domum in diem lunæ proximam Passionis et in illorum partem parochos ascivit. Obdormivit in domino anno ætatis suæ 72, die 31 augusti.

Ecusson portant un arbre courbé, accosté à dextre d'un croissant.

Saint-Alpin. Dalle en cuivre, au quatrième pilier du chœur.

Jean Garnier, né aux environs de Bar-sur-Seine, docteur en Sorbonne, fut choisi, étant curé de Saint-Alpin, par Henri IV pour être son prédicateur ordinaire. Il fut nommé à l'évêché de Montpellier le 31 juillet 1602 et y mourut le 15 septembre 1607. — D'après le nombre d'années énoncé pour l'abbé Fiévé, sa mort doit être de l'année 1643.

398. 1644

Cy gist honnorable homme Gabriel Gastebois, maistre serrurier à Chaalons, aagé de 64 ans, qui décéda le 1er jour de mars 1644. Priez Dieu pour luy.

Notre-Dame, en bas de la nef. Dalle en marbre.

399. 1646

Cy devant gist sous ceste tombe le corps de dam[lle] Catherine Ytam, femme de noble homme Jacques Langault, seig[r] de Marson, Breuvery, Mauljouy et Montcetz en p[tie], cons[er] du roy, receveur des tailles en l'Election de Vitry-le-François, laquelle est décédée le 26e de décembre 1646, et le dit s[r] de Marson, qui décéda le 16e mars 1653.

Ecusson d'azur à deux épées en sautoir, les pointes en haut, accompagnées en chef d'une rose (Langault). Maintenue par C[h]amartin.

400. 1647

Cy gist Mre Jean Gyé, p^re chan. semi-prébendé de ceste église, natif de Blaise-sous-Arzillières, qui décéda le 26^r mars 1647, lequel a fondé......

Petite dalle en marbre au deuxième pilier du chœur, bas-côté de l'Epître. — Cathédrale.

401. 1647

Cy gisent vénérable Antoine Dubois, religieux.. .... qui décéda le 21 juin 1657...... .... Claude Dubois qui décéda le 170. et Nicolas Dubois............ qui décéda le 22e septembre 1693 et damoiselle Madeleine Cuny, sa femme... ....

Ecusson chargé d'un chevron sommé d'un croissant et accompagné de trois roses, 2 et 1. — Notre-Dame.

Nicolas Dubois, sgr de Crancé, trésorier provincial des guerres, épousa en 1662 Madeleine Cuny, fille de Claude, prévôt des maréchaux, et de Madeleine Delestrée.

402. 1647

Cy gist honorable homme Jean Coulon, vivant maistre orfèvre à Chaalons qui décéda le 18e décembre 1647. Et Marie Noé, sa femme, laquelle décéda le 10e d'avril 1650.

Ecusson portant un arbre accosté de deux fleurs, chargé sur ses branches de deux oiseaux affrontés.

Saint-Alpin. Petite dalle en marbre dans la galerie à droite du chœur, devant la porte du charnier.

403. 1648

Cy devant gist honnorable Nicolas Raussin, vivant marchand tanneur à Chaalons, qui décéda le 12° feb^{er} 1648, et Jeanne Charlier, sa femme, laquelle décéda le 25° décembre 1650. Et Jeanne Raussin, leur fille, femme d'honnorable homme François Priou, marchand tanneur, laquelle décéda le 5° juillet 1679, et ledit Priou, son mari, le.....
....

Saint-Alpin. Plaque en cuivre, au pilier au coin de la chapelle Notre-Dame-de-Pitié.

Nous savons que Claude Priou, sieur de Crancé, maria une fille en 1588 à Nicolas Dubois, sieur de Villers.

404. 1648

Cy gist vénérable et catholique personne Mre Claude François p^{re} docteur en théologie, doyen et chan. de céans............ Et cy gist aussy vén. et disc. pers. Mre Charles François, p^{re} sous-chantre et chanoine en ladite église, qui décéda le...... avril 1648.

Cathédrale, sous la chaire du prédicateur.

Claude Françoys (des s^{rs} de Montbayen) fut doyen du chapitre de Saint-Etienne de 1606 à 1619.

405. 1647

Cy gist honorable homme Jean Jourdain, bourgeois de Chaalons, qui décéda à l'âge de 77 ans, le 12 avril 1649, et Françoise Huez (de Troyes), sa femme............ Et Nicolas, leur fils, capitaine de la cinquantenie du Puits-d'Amour, et Marie Lallemand, sa femme, décédée le 28 juillet 1660, et lui le 9 octobre 1670.

Cathédrale.— Jean Jourdain, né en 1572, fils de Michel et de Louise Blanchard; une de ses filles épouse Jacques Deu, seigneur de Marson. — Marie Lallemand, (de Lestrées) fille de Hugues, contrôleur en l'Election et de Marie Mathé.

406.   1649

Cy gist damoiselle Marie Horguelin, vefve de noble homme maistre Jacques Dommengin, vivant cons^{er} du roy et cont^r gal des décimes en Champagne, décédée le 13e décembre 1670. Et damoiselle Anne Dommengin, sa fille, femme de noble homme Jacques Corneille, seigneur de Mutry, qui décéda le 14 febvrier 1649.

A Notre-Dame, vers le septième pilier. Dalle de marbre.

Jacques, seigneur d'Angluau, Germinon, fils de Jacques, seigneur de Champagne, et de Anne de Bar, eut un fils, Jacques, né en 1630.

407.   1649

Cy gist honnorable homme Claude Roussel, marchand orphevre et bourgeois de Chaalons, qui décéda le 2e jour d'octobre 1649 et dame........

sa femme qui décéda le 30 janvier 1655, aagé de 79 ans.

A l'église Saint-Germain. Dalle en marbre, dans le chœur.

408. 1649

Cy gist honorable homme Jacques Vassal, natif et maire de ville de la ville de Maizières, âgé de 41 ans, qui décéda en cette cité le 22 novembre 1649. Et Charlotte Jacques, veuve de feu ledit sieur Vassal............ a fait poser ce marbre. R. in pace.

Dalle sur laquelle cette inscription est tracée en ovale : aux angles quatre têtes d'anges. Ecusson à double chevron avec deux croissants en chef.

Saint-Loup.

409. 1650

Cy devant gist le corps d'honnorable Jacques La Cotte, marchand demeurant à Chaalons, qui décéda le 8e janvier 1650.

Ecusson portant un chevron accompagné de deux étoiles et d'un croissant.

Saint-Alpin. Dalle en marbre dans le mur de la galerie, du côté de l'Evangile.

410. 1650

Cy gist Mre Louis Lallemand, vivant p^{re} abbé de N^{re}-D.-lèz-Vertus, arch. d'Epernay, chan. de ceste esglise cathéd., qui décéda le 25 septembre 1650, aagé de 53 ans. Il a fondé 3 messes basses pour le repos de son âme. Priez Dieu pour luy.

Cathédrale. — Ecu portant un chevron accompagné de trois étoiles.— Le défunt ne figure pas dans le catalogue du *Gallia.*

411. 1650

Joannes Le Blanc presbiter Vermando a castro oriundus in congregatione Oratorii per decem et quatuor annos.......... insignis et doctrina ut patrium solum excoleret curialium hujus basilicæ custodiam provinciam aggressus sustinuit ardore non minus quam........... et cons............ in............... explevit tempora multa......... haud absoluto quadriennio............. bonam .... eximias animi dotes cœlo intulit mortalitatis eximias hic deposuit ætatis anno 43, Christi 1650 pridie calend. augusti.

Saint-Alpin.

412. 1650

Cy gist noble homme Nicolas Rafflin, vivant bourgeois de Chaalons, leur fils *(sic)* qui décéda le 7ᵉ jour de novembre 1650, aagé de 69 ans. Priez Dieu pour son âme. Et damoiselle Perette Havetel, sa femme, qui décéda le 17 décembre 1653.

Ecusson chargé d'un chevron accompagné en chef de deux lis ou tulipes et en pointe d'un croissant.

Notre-Dame. Dalle en marbre, devant le banc des marguillers.

Raffelin, famille châlonnaise : Perette épousa en 1629 Louis Deu « le jeune ».

443. 1650

Cy gist noble hoe Pierre Coquart, cons^{er} et bourgeois de Chaalons, qui décéda le 24e juin 1660, et damoiselle Marie Brissier, sa femme, qui décéda le 9e novembre 1650. Et noble hoe Nicolas Coquart, leur fils, en son vivant aussi cons^{er} et bourgeois de ladite ville, qui décéda le 27 octobre 1663. Et dame Marguerite Coquart, vefve de Louis Coquart, escuier, seig^r de la Motte, etc., qui décéda le 23e avril 1674.

Deux écussons: 1° deux palmes adossées, accompagnées de trois roses, 1 et 2 ; 2° chevron accompagné de deux panaches et d'une tête de Maure.

Saint-Alpin. Grande dalle en marbre dans la galerie, à droite du chœur.

Famille de Vertus, dont une branche se fixa à Châlons. Pierre eut plusieurs enfants, entr'autres Louis, seigneur de la Motte, bailli du chapitre de Vertus ; Catherine, mariée à Pierre Linage, morte en 1707, à 84 ans. Ledit Louis fut anobli en septembre 1666 et devint gentilhomme de la chambre du roi ; il eut : Nicolas, maréchal de camp (1658-1748) ; Louis, lieutenant-colonel du régiment de Saint-Hermine ; Claude, intendant des bâtiments et jardins du roi, tous sans alliance ; Marie, unie à Brice Le Maître, seigneur de Paradis, procureur général à Saint-Domingue.

414. 1651

Cy gist damoiselle Jeanne Ferré, femme de noble homme Claude Domballe, vivant bourgeois de Chaalons, laquelle est décédée le 10° jour de janvier 1651, aagée de 88 ans.

Notre-Dame, dans la nef devant la chaire. Dalle en marbre, élevée.

415. 1651

Cy devant gist Louis Desistre, maistre cordonnier de Chaalons, qui décéda le 25° juin 1651, et François Poinsenet, sa femme, qui décéda le......
....

Ecusson portant un chevron accompagné en chef de deux canettes affrontées et en pointe d'une rose.

Saint-Alpin. Dalle en marbre, galerie à droite du chœur, près la porte du clocher.

416. 1651

Noble sieur Jean Billet, escuier, seig^r de Fasnières, châtelain de Ste-Livière, seig^r des fiefs de Nuisement-en-Perthois, de Maux et Farémont en ptie, icy attend la résurrection des morts et la miséricorde de Dieu, il est décédé le 12 janvier 1651. Priez Dieu lui face grâce pour l'amour de

Notre-Seigneur : ab auditione mala non timebit. — Et noble sieur.......... . châtelain de Ste Livière et aultres terres ci-dessus et encore s^r de Villepatour, de Cloz et de Mongazon en Brie, cy-devant conseiller du roy........... fils aîné, qui décéda à Paris l'an 62 de son âge, en l'année 1641, après avoir donné toute sa vie au public et à ses amys et avoir rendu plusieurs preuves et marques d'une vertu et sufisance singulières en divers emplois importans dont il a esté honoré, Et dame Marie Nau, son épouse, qui décéda en l'année 1629, la 43e de son âge, et est inhumée en ce lieu. Priez Dieu pour eux. Generatio rectorum benedicatur.

Notre-Dame. — Jean Billet, échevin, puis lieutenant de ville, fils puîné de Gédéon, seigneur de Maljouy et de Marie Linage, receveur général des tailles, épousa Francoise Mauparty. Son fils Pierre lui succéda et eut un frère procureur général au Parlement de Metz, destitué en 1654, comme protestant.

Cette tombe, en marbre noir, présentait un semé de larmes. Ecusson portant un chevron avec une épée en pointe : le reste avait été martelé.

447.   1652

Cy devant gist Mre Cosme de Braux, cons^{er} du Roy en ses conseils d'estat et privé, qui durant l'espace de 20 ans donna des marques de sa probité et suffisance en la charge de président Lt-Gal au présidial de Reims, qu'il a exercée dignement jusques à la mort de M⁰ Pierre de Braux, lequel Cosme de Braux décéda le 7 septembre 1652. Et Pierre-Ignace de Braux, son fils, 1ᵉʳ baron de Champagne, consᵉʳ du Roy en ses conseils d'estat et privé, maistre des requestes en son hostel ; — et sa fille dame Louise-Angélique de Braux, mariée à Mᵉ Anthoine Saladin d'Anglure, chevalier sgr comte d'Etoges, baron de Rosne, Vauvancourt et Tongny, mareschal des camps et armées et gentilhomme ordinaire.

Saint-Alpin. Dalle en marbre au pilier du clocher, contre les fonts (Voir à l'année 1665).

La maison d'Anglure était une des premières de la noblesse champenoise ; elle a eu les titres de prince d'Amblize, marquis de Sy, de Coublans, comte de Bourlemont, Etoges, etc. — D'or semé de grelots d'argent, soutenus de croissants de gueules.

418.   **1652**

Cy devant gist noble homme Mᵉ Jacques Linage vivant seigneur de S.-Martin-aux-Champs, Breuvery et Marson en partie, conᵉʳ du Roy, receveur des consignations du bailliage et siège présidial de Chaalons et des aultres justices royales en despendantes, aagé de 58 ans, qui décéda le 9ᵉ jour du mois d'octobre 1652. Et damoiselle Magdelaine Brissier, sa femme, qui décéda le...............
Et Pierre Linage, sieur de Dampierre, leur fils,

qui décéda le 9° jour du mois d'octobre 1653. Et damois^lle Hélène Linage, leur fille, qui décéda le 21° du mois de janvier 1659.

Deux écussons : 1° sautoir engreslé et cantonné de quatre fleurs de lis ; 2° chevron accompagné en chef de deux panaches et en pointe d'une tête de Maure.

Saint-Alpin. Dalle en cuivre, au troisième pilier.

449. 1653

Cy devant gist honnorable homme Pierre Chappellain, vivant marchand à Chaalons, qui décéda le 5° septembre 1655, et damoiselle Jeanne Deroziers, sa femme, laq^lle décéda le 30° juin 1656, Marie Chappellain, leur fille, viv^te femme d'honorab. hoe Jacques Nicolle, aussy vivant marchand pothier d'estain, laq^lle décéda le 22° sept. 1653. Honnorab. homme Claude Chappellain, leur fils, huissier au bureau des finances de Champagne à Chaal. qui décéda le.......... ...... et dam^lle Marguerite Papillon, sa femme, laq^lle décéda le..
....

Deux écussons : 1° d'azur à la branche de laurier mise en barre, accompagnée en chef et en pointe d'une étoile d'or ; — 2° (losange) d'azur au chevron d'or, surmonté d'une rencontre et accompagné en pointe d'une gerbe de blé.

Saint-Alpin. Dalle en marbre, au deuxième pilier dans le mur, côté droit du chœur.

420. 1653

D^llo Blanche de Bar, vefve de feu noble homme Pierre Linage, cy-devant inhumé, a fondé un obit qui se doit célébrer le 8° juillet............. le *de Profundis* sur la fosse, et le vendredy suivant à l'issue des ténèbres en la chapelle du Sépulcre qu'elle a fait réédifier au cimetière............. *Stabat Mater dolorosa*, les versets et........... et *de Profundis* sur ladite fosse suivant le contrat passé par ses héritiers par-devant Guyot et Dubois notaires à Chaalons, le 6° d'octobre 1653. Et d^llo Magdeleine Linage, leur fille, qui a fondé en ceste esglise un............ à 4 heures du matin en laquelle le S. Sacrement sera porté et les prières chantées suivant le contrat passé par-devant lesdits notaires le 12° avril 1656. Elle décéda le 26° mars 1679. Priez Dieu pour elle.

A Saint-Alpin. Ecusson parti : 1° un sautoir cantonné et quatre fleurs de lis ; 2° une fasce chargée de trois losanges.

421. 1653

Cy gist vénérable et discrète personne Mre Husson Le............ prêtre, chanoine et........... de ceste esglise, qui décéda le 16 déc. 1653. — Et vénérable et discrète personne Mre Michel Le............. son neveu, prêtre, chanoine et........ de ceste esglise, qui décéda le 20 mars 1678.

Ecusson avec une croix chargée de cinq coquilles. — Saint-Alpin.

422. 1654

Cy gist noble homme Geoffroi Le Gorlier, escuier seig' de Braux-Sainte-Cohière, Chaude-Fontaine, les Planches, les Saulneux, de Verneuil, de Maisons-en-Champagne en partie, qui décéda le 28 juillet 1654, aagé de 92 ans. Et damoiselle Jeanne de Joybert, sa femme, qui décéda le 14° jour de novembre 1656.

Deux écussons : l'un portant une fasce chargée d'une coquille et accompagnée de trois merlettes ; l'autre (en losange) portant un chevron accompagné de trois roses.

Notre-Dame, en bas de la nef. Dalle en marbre, élevée.

Geoffroy fut lieutenant de ville en 1638 ; il avait pris part comme volontaire aux sièges d'Epernay et de Paris et au combat de Pringy, où il était seigneur d'un pré dit de Pringy.

Joybert, famille d'extraction noble : Simon était échanson du roi en 1430 ; fixée à Châlons au xv° siècle. Seigneurie de Soulanges, Aulnay, Coulmiers, Ablancourt. Existe. — François Joybert était procureur de la ville en 1471 ; Jeanne était fille de Jean, seigneur d'Aulnay, la Grandcour, et de Appoline Cauchon, sa seconde femme. — D'argent au chevron d'azur, surmonté d'un croissant de gueules, accompagné de trois roses de même.

423. 1655

Cy devant gist honnorable homme Jacques Nicolle, vivant marchand pothier d'estain à Chaalons, qui décéda le 2e jour de décembre 1655, et Jacques Nicolle aussy son fils, pothier d'estain, lequel décéda le 7e juin 1670, aagé de 45 ans. Et Claude Mugot, sa femme, qui décéda le.......... Et Jean Nicolle, leur fils, aagé de 20 ans, qui décéda le 15e aoust 1670.

Ecu portant une fasce accompagnée de six roses, 3-3. — Saint-Alpin. Dalle en marbre, au neuvième pilier.

424. 1656

Cy gist honorable homme Nicolas Raffelin, vivant bourgeois de Chaalons, qui décéda aagé de 72 ans, le 18e septembre 1656 ; et Jeanne Rochefort, sa femme, laquelle décéda aagée de 81 ans, le 14e juin 1671. Priez Dieu pour eux.

Deux écussons : l'un d'or au chevron accompagné en chef de deux fleurs tigées et en pointe d'un croissant ; l'autre (en losange) d'or, chargé d'une main tenant une plume à écrire, sommée d'un croissant.

A Notre-Dame, au cimetière près la porte du cloître, sur une dalle en marbre, élevée.

425. 1657

Cy gist noble homme Pierre Clozier, vivant l'un des eschevins de ceste ville de Chaalons, lequel après avoir passé plusieurs charges publiques, a exercé celle de conseiller d'icelle ès années 1655 et 1656 et de conseiller d'icelle ville, pendant diverses années, et ont tous lesdits emplois témoigné sa fidélité envers le roy et son zèle envers sa patrie, est décédé le XIII° septembre 1657 ; et a été pour le repos de son âme fondé un service annuel solennel et perpétuel en ceste esglise conformément à l'arrêt du conseil d'estat du roy du 19° décembre 1659 et au contrat passé par-devant Robin et Félix, notaires royaux à Chaalons, le 18° juin 1660. Priez Dieu pour luy.

Notre-Dame. Famille châlonnaise connue dès la fin du XV° siècle et maintenue par Larcher. Pierre Clozier, écuyer, seigneur d'Iuo, Puits, contrôleur général des finances, marié à Anne Marlot, arrière-petite-nièce de l'historien, fut massacré dans une émeute provoquée par les ouvriers sergiers.

426.   **1659**

Cy gist honorable homme Jean Coqueteaux, maistre orfèvre à Chaalons le 16° septembre 1658, aagé de 46 ans, et Marie Nicolle, sa femme, qui décéda le 29° avril 1675. Requiescant in pace.

Deux écussons : l'un semé de besants d'or à deux pals brochant ; l'autre chargé de six besants d'or, 3-2-1.

A Notre-Dame, au cimetière, près la porte du cloître, sur une dalle en marbre, élevée.

427. 1658

Anno 1658 die decembris 13°

Obiit fere octogenuarius et subjacet nobilis Andreas Lallemant maritus prudens nobilis quoque Petronillæ Chastillon defunctæ 27° decembris 1633. Vixit hæc pietate insignis, ille subquæstor regius annis 3? patritius, 3¹ ædilis in præfectura demum functus urbana sic egit ut nemine læso nec circonvento exiguus hoc curari monumentum optimis parentibus sit ausus filius eorum primogenitus paterni amoris non immemor.

A Notre-Dame. Plaque en cuivre sur l'une des colonnes soutenant l'orgue. — Ecusson chargé d'un lion.

428. 1659

.... Le Chaulve, juge consul à Chaalons, qui décéda le 20° de décembre 1659, et damoiselle Louise Itam, sa femme, qui décéda le 12° jour de juin 1688; et Jean-Baptiste Le Chaulve, leur fils qui décéda le 13° d'octobre 1689, et maistre Geoffroy Le Chaulve, procureur, aussy leur fils, qui décéda le.......... Requiescant in pace

Notre-Dame.

429. 1660

Cy gist noble hoc Pierre Coquart, vivant conseiller et bourgeois de Chaalons q. décéda le

2 juin 1660, aagé de 70 ans. Et dame Anne Brissier sa fe. q. décéda le 9 nov. 1660, aagée de 60 ans. Et hoc Nicolas Coquart, leur fils, vivant aussy cons. et bourgeois de la ville, qui décéda le 24ᵉ octobre 1663, aagé de 19 ans. Et dame Marie Coquart, aagé de 46 ans ve de Louis Coquart, es. sʳ de la Motte Maidui et de Chevigny, bailly du comté de Vertus, qui décedda le 23ᵉ avril 1674. Et damoiselle Anne Coquart, fille du d. P. décédée le 7 juillet 1693. Et Mᵉ Pierre Lemoyne, conᵉʳ de lad. ville et eschevin, mary de dᵁᵉ Catherine Coquart qui décéda le 6 février 1696. Et ladite damoiselle Catherine Coquart, qui décéda le 15 février 1707, aagée de 81 ans. Priez Dieu pour eux.

Saint-Alpin. Grande dalle en marbre noir. Ecu chargé de deux palmes adossées, accompagnées de trois roses; autre : chevron accompagné de deux panaches et une tête de Maure.

Coquart : de gueules à trois coqs d'or.

Le Moyne : d'argent à la bande de gueules, accompagnée en chef de trois mouchetures d'hermine et en pointe d'un fer de moulin, accosté de deux épées.

430.   **1661**

.... de Grignon, consᵉʳ trésorier de France et général des finances au bureau establi à Chaalons, qui décéda le 7ᵉ jour de............ M. le Tartier............ jusques au 27 may..... 1661 qu'il est décédé............ soubz la mesme tombe. . . . . attendant la résurrection. Priez Dieu pour eux.

Notre-Dame. — Nicolas Le Tartier, seigneur de Grignon, président trésorier de France, épousa Bonne Braux, fille du sieur de Sorton, et mourut en 1661.

431.   1662

Cy gist le corps de feu messire Pierre-Ignace de Braux, vivant chevalier, marquis d'Anglure du Prédubut, vicomte des Essarts, seigneur d'Allemanche, Launay, Ponthion, Surmont, Florent et autres lieux, conseiller du roy en ses conseils, maistre des requêtes ordinaires de son hostel, qui décéda le lundy 19 mars 1663, aagé de 38 ans. Priez Dieu pour son âme.

Notre-Dame. Plaque en cuivre avec l'écusson, trouvée dans les fouilles sous la tour nord-ouest en 1853 (voir plus haut). — Avec le défunt s'éteignit sa branche.

432.   1665

EPITAPHIVM

EXVL PARENTIS LABE PRIMAEVI REVS
STO FVLGVRANTIS AD TRIBVNAL IVDICIS
HINC CORDE GELIDO ME HORRIFIC, QVATIT TREMOR
PALLETQVE STIMVLIS ACTA CONSCIENTIA
DVM POENITENTI SPES (MISEROS NON DESERENS)
MIHI SALVTIS SOLA RESTAT ANCHORA
AT TV VIATOR SI PIVS ET LETHI MEMOR
SOLARE EGENVM CHRISTIANO FOENORE

COELO REPONENS MOX RECEPTVRVS VICEM
DVM FATA VENIENT INTERIM LVGE ET VALE;
HOC SIBI IPSE DVM VIVERET DE NOVISSIMIS
COGITANS SCRIPSIT MONVMENT V DANIEL MAVPIN
PRESBYTER HVIVS ECCLESIÆ CANONICVS IVRIS
VTRIVSQVE LICENTIATVS ILLVSTRISSIMI DOMINI
EPISCOPI VICARIV' GENERALIS ET EIVSDEM OFFI-
CIALIS
OBIIT DIE 26 NOVEMBRIS 1665 ÆTATIS, SVÆ 79.

Cathédrale.

433. 1667

Hic jacet Carolus Lallement, obiit die XXX novemb. 1667, anno ætatis suæ 48. *Deus in nomine tuo salvam me fac et in virtutibus judica me.* Hic etiam jacet Anna Marchis vivens ejus uxor. Obiit in dni die 29 junii 1677, anno ætatis suæ 67. Requiescant in pace. *Beati mortui qui in dno moriuntur.*

Ecusson portant une hure traversée d'une épée en pal, la pointe en bas, avec trois étoiles en chef.

Saint-Alpin. Plaque en cuivre, au neuvième pilier.

434. 1667

.... Ioan Colesson pbr. huius eccle. canonicus prebendatus vixit in suo canonicatus annos 65 sperans imm........ mortalitet exutus die XIV julii 1665. Orate pro eo.

Cathédrale. Deux écus : une barre chargée de trois

croix, avec cette légende : *vir mihi . . . . . salve.*
— Un arbre auquel un homme tente de monter : *tendit ad ardua virtus.*

435. 1674

Cy gist Simon Heurault, maistre drapier, qui décéda le 2º janvier 1674. Et Louise Pichotel, sa femme, qui décéda le 14 février 1609. Priez Dieu pour eux.

Saint-Alpin. — Il s'agit d'une famille châlonnaise encore existante et à laquelle appartenait le chanoine Hurault, mort dans ces dernières années.

436. 1675

Cy gisent Pierre Hanrie, laboureur, décédé le 26º mars 1676, et Louise Collard, sa femme, décédée le 10º mars 1675, laquelle a légué à la fabrique de céans 20 journées de terre et moitié d'une maison pour fonder à perpétuité tous les jours de dimanches et festes, une messe basse à six heures du matin ; ensuite on doit chanter le *Salve Regina* par le clerc, verset, repons et oraison ordinaire par le pbre, et incontinent sur la fosse le *De Profundis* et l'oraison, suivant testament passé par-devant Lefebvre et Piètre, notaires à Chaalons, le 2 may 1674, accepté par la fabrique le 9 avril 1676, laquelle fait poser cette épitaphe. Priez Dieu pour les trépassés.

Saint-Loup.

437. 1675

Cy devant gist dame Jeanne Dapremont, femme de sire *(sic)* Claude Guillaume, m⁰ pothier d'estain de ceste ville, laquelle décéda le 10ᵉ de juin 1675.

Ecu parti : 1° chevron accompagné de trois feuilles de fougères ; 2° fasce accompagnée de trois branches de laurier.

Saint-Alpin. Dalle en marbre, au neuvième pilier.

438. 1676

Cy gist………… seigʳ de la Grandcour et de Verneuil, qui décéda le 20ᵉ jour de juin 1676, âgé de 77 ans ; cy gist aussy Jacques Le Gorlier, écuyer seigʳ de la Grandcour en partie et autres lieux, trésorier de France à Chaalons, lequel a fondé une messe perpétuelle de Saint-Sacrement en ceste esglise le dernier jour de………… de celle du 1ᵉʳ de mars qui doit se dire haute devant son tombeau, et décéda le 2ᵉ mars 1693, à l'âge de 46 ans ; et dame Anne Dorigny, sa femme, qui décéda le 19 décembre 1725, aagée de……… …………… Cy gist aussy François Le Gorlier ……………

Notre-Dame. — Armes.

Jacques Le Gorlier, président-trésorier de France ; son fils lui succéda. François, seigneur de la Grandcour, Verneuil, président du présidial, mort en 1740, laissant de N. Grossetête de Glannes un fils qui lui succéda et un autre, capitaine au régiment Pierrard, tué à Rosbach.

D'Origny, famille se rattachant aux d'Origny du Vermandois; plusieurs branches à Reims: l'une d'elles possédait au siècle dernier la seigneurie de Recy. — D'argent à la croix ancrée de sable, chargée en cœur d'un losange d'argent.

439.   1676

Cy gist noble homme.......... Tullier, vivant bourgeois de cette ville................. qui décéda le 8 juillet 1676, et dame Marie Longuet, femme dudit Tullier-Longuet, qui décéda....... ....

Saint-Loup.

440.   1678

Cy devant gist honnorable homme Nicolas Valleré, marchand et capitaine cinquantenier à Chaalons, qui décéda le 15e septembre 1678. Par contrat passé entre Jeanne Somme-Soubs, veufve dudit Valleré et les marg^{liers} de cette paroisse pardevant Jean Dubois et Claude Roger, not^{res}, le 11e septembre 1660, lad Somme-Soubs a fondé à ppétuité un obit annuel de 3 hautes messes le 16e septembre pendant sa vie et à pareil jour qu'elle sera décédée, son décès arrivé, avec les vigilles la veille, plus un salut le lendemain de Pasques environ les sept heures du soir auquel se doit chanter : *Veni S. Spiritu* ; puis *Surrexit Christus*, les litanies de la Ste-Vierge processionnellement, le *Regina cœli* et le *De Profundis* avec toutes les collectes et oraisons : les rétributions sont réglées par led. contrat et lad. Somme-Soubs qui décéda le............... Priez Dieu pour eux.

Deux écussons : l'un, deux épées en sautoir, la pointe en bas, accompagné en chef d'un croissant ; l'autre (en losange) de même, mais accompagné en chef et en pointe d'une étoile.

Saint-Alpin. — Dalle en marbre, dans le mur sous les orgues.

441. 1679

Cy gist vén. et disc. pers. Mre Philippe Herbunot p^re chan. de céans, natif de Joinville, aagé de 72 ans, qui décéda le 20 oct. 1679. Requiescat in pace.

Cathédrale. — Ecu portant un chevron accompagné en chef de deux jardes (?) et en pointe d'un dauphin surmonté d'une couronne.

442. 1679

D^lle Blanche de Bar, vefve de feu noble homme Pierre Linage icy devant inhumé, a fondé un obit qui se doit célébrer le 8e juillet a...............
De Profundis sur la fosse et le vendredi suivant à l'issue des ténèbres en la chapelle du Sépulcre qu'elle a fait réédifier au cimetière...............

Stabat Maria dolorosa, les versets............
et *De Profundis* sur ladite fosse, suivant le contrat passé par ses héritiers par-devant Guyot et Dubois, notaires à Chaalons, le 6 octobre 1683. Et D^lle Magdelaine Linage, leur fille, qui a fondé en ceste église une............ à 4't ans le matin en laquelle le St-Sacrement sera porté et les prières chantées suivant le contrat par-devant lesdits notaires le 12 avril 1656. Elle décéda le 26 mars 1679. Priez Dieu pour elle.

Saint-Alpin. — Ecu parti de Linage et de Bar.

443.   1680

D. O. M.

Felix Vialart de Herse, episcopus comes catalaunensis, par Franciae, quem morum sanctitas, doctrina praecellens et indefessa pastoralis sollicitudo in æternum commandarunt, labentem in diocesi majorum disciplinam restituit et confirmavit ; formandis ad sacra clericis seminarium struxit et dotavit; plurimas pro juvenili utriusque sexus institutione domos erexit ; hanc basilicam eleganti odœo exornavit ; eamdem incendio deformatam refici et augeri curavit ; pacem inter ecclesiae gallicanae theologos diuturnis dissidiis laborantes conciliavit : in solemnibus cleri comitiis demandatas sibi partes pari prudentia et virtute adimplevit ; pontificibus maximis religione et eruditione laudatissimus, regibus christianissimis pietate et vigilantia gratissimus, magnatibus omnium ordinum amica suavitate colendissimus; pauperibus quos moriens heredes ex asse scripserat; ingentis patrimonii, dum viveret, effusione desideratissimus; tandem post assiduas per XL annos episcopalis oneris curas, summo ecclesiae suae luctu, et universae damno hic XIX junii sepultus est anno reparatae salutis M.DC.LXXX aetatis LXVII.

Gallia Christiana. — Evêque de Châlons depuis 1641. Il ne reste plus qu'une partie de cette inscription; elle était au bas des marches du sanctuaire : actuellement on la garde dans le Trésor de la cathédrale. Les auteurs du *Gallia* ont mis par erreur de lecture le 11 juin.

444. 1681

.... thesaurus absconditus Claudia de Godet marchionissa de Puizieux, illustris generata nobilitate singularis erga pauperes charitate et omni virtutum genere clarissima nobilissimi domini Rogeri Brularti, marchionis de Puisieux et perillustris, Brulartiorum familiae oriundi, mariti amantissimi conjugis amabilissimae quem Ludovicus magnus post omnes gradus bellicos gradatim et ex singulari merito concessos Huningariae arci superbae inter et Burgundos altae extruendae et gubernandae prefecit, ibique nobilissima defuncta etatis suae 33 die vero 24 maii anno 1681, elegit hic sepeliri inter notos amicos et proavos eodem voluit jungi tumulo....... cujus pietas baptismi hujus ecclesiæ fontis donaverat in quibus facta erat christiana.

Feuille en plomb avec les armes, trouvée dans les fouilles de 1851, à Notre-Dame, près le grand portail.

Claude, fille de Joachim Godet, écuyer, vicomte de Gueux, seigneur de Renneville, Champoulain, Saint-Mard, lieutenant-général et conseiller d'Etat, blessé mortellement au combat du faubourg Saint-Antoine, pendant la Fronde, et de Claude Chastillon, fille de Pierre, intendant des fortifications de Champagne. Elle épousa le 8 mars 1666 Roger Brulart, marquis de Puisieux, lieutenant-général, ambassadeur, etc. Elle eut un frère, maréchal de camp, qui commanda la maison du roi à la bataille de Nerwinde.

445.   **1681**

Cy gist.............. seigr de M............. conseiller de ville, lequel décéda le 1er février 1681, à l'âge de 71 ans, et damoiselle Claude Itam, décédée le 24e juin 1673, à l'âge de 63 ans. Et François Rosnay, leur fils, décédé le 5e juillet 1703, à l'âge de 67 ans, et dame Catherine Dorigny, son épouse, décédée le 22 juillet 1715, âgée de 75 ans, et Jean Rosnay, écuyer, seigr de...... .... Montade, etc., premier............ qui décéda le 24 février 1724, à l'âge de 49 ans, et dame Antoinette Bourgogne, son épouse, décédée le 27e mars 1762, à l'âge de 74 ans.

Notre-Dame. — Grand écusson surmonté d'un casque avec lambrequin, portant un chevron.

Claude Rosnay, écuyer, seigneur de Maure, lieutenant de ville, épousa une fille de Jean Itam et de Claude du Molinet. — François Rosnay, écuyer, seigneur de Villers-aux-Corneilles, Montain, secrétaire du roi, épousa en 1663 une fille de Claude d'Origny et Anne Doulcet. — Jean Rosnay, son fils, écuyer, seigneur de Villers, Montain, premier président de présidial, épousa en 1710 une fille de Nicolas Bourgogne et de Claude Favart; ils eurent un fils, mousquetaire et deux filles mariées, l'une en 1734, à Jean Billet, écuyer seigneur de Maljouy; l'autre, en 1725, à Charles Deu, écuyer, seigneur de Malmy, où elle mourut le 15 mai 1734, et fut enterrée dans la chapelle Saint-Blaise de l'église Malmy.

Bourgogne, rameau établi à Reims issu de Jean, anobli par le duc de Lorraine le 20 septembre 1464. — De sable, chargé de six billettes d'or, 3, 2, 1, au chef d'or.

446. **1682**

Cy gist dam^elle Marie Jourdain, épouse de noble homme Me Germain Beschefer, l'un des conseillers et eschevins de cette ville de Chaalons, lequel moins touché de l'âme conjugale que des vertus d'une si chère épouse, n'a pas voulu qu'elles fussent ensevelies avec elle; sa piété envers Dieu, sa charité vers le prochain et sa tendresse pour sa famille, l'ont rendue illustre, et ses amis qui la regrettent pour tant de raisons, admirent encore une résignation parfaite à la volonté de Dieu et une patience éclatante qu'elle a fait reluire dans une maladie longue et douloureuse qui le priva d'une si chère personne, laquelle est décédée le 25e jour d'octobre 1682.

A Notre-Dame, au cimetière, vers la grande porte, dalle en marbre, élevée.

Germain fut gentilhomme du duc d'Orléans, et son fils après lui. L'un de ses arrière-petit-fils fut Jean-Xavier Beschefer, chanoine de Notre-Dame de Châlons, l'un des fondateurs de la Société littéraire en 1751, et auteur de travaux historiques.

447.   **1682**

Cy gist dame Madame Jeanne-Françoise Courtin, espouse de messire Hue, chevalier, seigneur de Miroménil, Tourville, Baumetz, Saint-Aubin, La Roque, Le Linu et autres lieux, conseiller du roy en tous ses conseils, maître des requêtes ordinaire de son hôtel, président en son grand conseil, cy-devant intendant de la province de Poitou et depuis 1673 de celle de Champagne, est décédée en ceste ville le 26 janvier 1682 et inhumée en ce lieu.

Aux angles, écusson double, chargé de trois croissants et parti d'argent à trois hures de sanglier adextrées de sable (Miromesnil).

Saint-Loup. — M. de Miromesnil fut intendant de Châlons de 1673 à 1688.

448. 1685

Cy gist honorable homme Toussaint Collart, vivant bourgeois de Chaalons, qui décéda le 25° d'octobre 1685.

Saint-Jean. — Toussaint fut marguillier de la paroisse en 1675. Cette dalle recouvrait les restes de plusieurs membres de cette famille. Les légendes sont très frustes. Claudette Collart donna, en 1724, une maison rue Haute-Saint-Jean, pour loger le vicaire.

449. 1687

Cy gist Guillaume de Champagne, escuyer, seigneur de Varrimont et de Blaize, qui décéda le 22° jour de janvier 1687. Et damoiselle Françoise Rochereau sa feme, qui décéda le 13° jour d'aoust an........

Hic quoque Claud. de Chapaigne Dyonysii nepos, Guillel. pronep. inquieta Ludovici parentis ossa sedibus avitis restituit.

Saint-Alpin.

450. 1692

Hic jacet reverendus admodum pater ac dominus Guillelmus Bazire, ex diocœsi Constantiniensi olim. Omnium hominum laboriosissimus, bis ad ac redemptionem captivorum in Africam missus, ibique per sex menses detentus, multa incommoda et opprobria patienter sustinuit ab infidelibus qui confratrem suum propter fidem igne crudeliter necarunt. Ter provinciam Campaniæ, perlustravit visitator vigilantissimus electus capitulo generali in vicarium generalem totius ordinis Trinitatis et Redemptionis captivorum, confirmatus a reverendissimo dno majore ministro, litterisque Regis munitus, totam Flandriam visitavit, aliasque domos in aliis provinciis, maxime Parisiensi...... multa et præclara statuit ac decrevit in favorem studiosorum quos semper coluit ipse litteratissimus in antiqua et amabili domo cujus redditus auxerat industria sua hortum amœnissimum explanarat et plantaverat. In hanc urbem translatus ærarium in ædificando hoc templo ornandoque cum studio integrum consumpsit............... inculpatus hanc domum reliquit patienter, tandem post difficilem laudabilemque administrationem XXII amorum, oc......... fractus labore die XXIV maii primus sepultus est anno reparatæ salutis 1692, ætatis 58. Requiescat in pace.

Saint-Loup. Dalle en pierre.

451.   1693

Cy gist Claude Dubois............, décédé le 4 octobre 1701, et........ Nicolas Dubois....... décédé le 22 septembre 1693. Et dam^{lle} Madeleine Cugny.

Notre-Dame. — Claude Dubois, né en 1633, élu à

Châlons, puis greffier du bureau des finances.— Nicolas, son frère ainé, sgr. de Crancé, Villers-devant-Mouzon, Marson, fils de Nicolas et de Nicole Le Moyne, trésorier provincial des guerres, né en 1631, marié le 27 septembre 1662, et Madeleine Cuny, fille de Claude, prévôt des maréchaux et de Madeleine Delestrée ; son fils fut conseiller d'honneur au présidial et eut pour enfants : M. de Livry, capitaine au régiment Dauphiny ; M. de Chantereine, conseiller au présidial ; M. de Loisy, gouverneur royal de Châlons, écuyer de la dauphine ; M. de Marson, lieutenant au régiment de Meuse ; M. de Crancé, commissaire des guerres, père du ministre de la guerre sous la Révolution.

452. 1694

D. O. M. Cy gissent Mre Philippe Talon, bailly du chapitre de Chaalons, et dame Anne de Bury, son espouse, et Mre Jean Talon, leur fils, seig^r baron de Nanteuil et autres lieux, cons^{er} du roy en ses conseils, secrétaire du cabinet de S. Maj., intendant de Hainaut et de la..........

Notre-Dame. — Ecu aux armes de Talon : couronne de comte. — Philippe, fils de Robert Talon et de Anne Dubois, né vers 1574 ; il épousa Anne Rollet (de Sainte-Ménehould), puis Anne de Beury, et eut dix enfants ; François fut abbé de Toussaint en 1660 ; Artus qui lui succéda ; Jean fut intendant de Hainaut et de la Nouvelle-Ecosse, puis gouverneur de Bitche, et mourut le 20 novembre 1694.

453. 1697

In resurrectionem mortuorum Franciscus et Michael Delisle, fratres germani hujus ecclesiæ canonici fide et amore inter se conjunctissimi quorum primus natus major obiit die decima februarii anno domini 1697, ætatis suæ sexagesimo sexto. Alter vero die vicesima quinta martii anno 1712.

Notre-Dame.

454. 1705

Marie Caillet, veuve de Jean Laigneau, écuyer, décédé le 11 mars 1705, a choisi ce monastère où elle avait deux filles professes, Thérèse décédée le............ 1705, et Marguerite le.......... 1746, ayant été supérieure pendant 12 ans, pour être inhumée.

Actuellement à la cathédrale. — Famille châlonnaise : Antoine, vicaire-général en 1697 ; Pierre, doyen du chapitre, abbé de Hautefontaine (1700). — D'or à 3 étoiles de gueules ; coupé d'azur au chevron d'or, accompagné de trois roses de même ; parti d'azur au chevron d'or, accompagné de trois larmes d'argent.

Caillet, famille de Châlons où Guillaume était gouverneur municipal en 1586, issu de Thouvenin, homme d'armes de la compagnie de Rouault en 1460. Marie, fille d'Antoine, intendant du prince de Condé et Louise Talon ; son mari succéda à son beau-père. — D'azur à trois molettes d'or.

455. **1706**

Cy devant gissent vénérable homme Pierre Cambray, marchand voiturier par eau et capitaine de bourgeoisie de ceste ville, décédé le 6 février 1706, à l'âge de 53 ans, et Geneviève Barbier, son épouse, décédée le................ à l'âge de 60 ans.

Notre-Dame.

456. **1706**

.... gentilhomme de Monsieur, lequel est............ re 1706.

Jean Charuel, commandant pour le roi à Haguenau, gentilhomme servant de Monsieur, mort le 17 décembre 1706. — Ancienne église Sainte-Marguerite.

457. **1710**

Cy devant gisent les corps de Messieurs Le Vautrel père et fils, la mort enleva le fils, Claude-François-Xavier Le Vautrel, à seize ans, le 2 juillet 1708. Le Vautrel, son père, écuyer, seig^r de Perthes, et cons^{er} du roy au bailliage et présidial de Chaalons, décédé le 28 avril 1710, à l'âge de 70 ans, fort regretté de sa famille et ayant eu l'estime et la considération des gens de distinction de la province. La dévotion qu'il a eue pendant sa vie à la Ste-Vierge, le porta à recommander avant sa mort, à ses gendres Messieurs d'Eu *(sic)* et Hoccart de Renneville, et à Mesdames leurs épouses, de faire construire un autel à Notre-Dame de Bon-Remède, en 1712, à la Sainte-Trinité de Châlons.

Ecu timbré d'une couronne de comte. — Actuellement chapelle du couvent Saint-Joseph. — Les gendres du défunt étaient : Jacques-Joseph Deu, écuyer, seigneur de Marson, Souain, président trésorier de France, marié en 1656 à Madeleine Le Vautrel (les Deu portent un arbre dans leurs armes) ; — Jean Hoccart, écuyer, seigneur de Renneville et de Saint-Lumier, mort en 1744, père du grand-bailli de Châlons, de la présidente Morel et de Mme Barbier de Felcourt.

458.   **1709**

...... Braux..... élu en l'élection de Châlons et ancien.......... ceste ville, de Chaalons qui décéda le 5ᵉ septembre 1722, âgé de 84 ans, et dame Magdelaine Le Gorlier, son épouse, qui décéda le 5 janvier 1709, âgée de 63 ans. Et Marie-Agnès Braux de Vaux, leur fille, décédée le 30 mai 1737, âgée de 59 ans. Et Jean-Baptiste Braux, écuyer....... et de S. Vallery.......... qui décéda le 1ᵉʳ octobre 1744, âgé de 64 ans.

Ecusson. — Notre-Dame. — Pierre Braux, écuyer, seigneur de Saint-Valéry, Vaux, élu, lieutenant de ville en 1767. — Jean-Baptiste Braux, écuyer, élu, marié à Louise Doulcet.

459. 1718

Cy gist honorable homme Basle Saclet, bourgeois de Chaalons, qui décéda le 10° septembre 1709, âgé de soixante-et-dix-neuf ans. Et damoiselle Blanche de Marolles, sa femme, décédée le 12 avril 1718, âgée de 78 ans. Dont leurs ancestres qui Berthelemy, Lambert et Didier Saclet ont fondé à perpétuité un service et vigile qui se doit dire l'un le dernier janvier, l'autre le 26 juillet. D. O. M.

Cy gist M° Pierre de la Fournière, notaire royal à Chaalons, qui décéda le 3 novembre 1731, âgé de 50 ans. *Requiescat in pace.* Et damoiselle Jeanne Saclet, épouse dudit La Fournière, décéda le 1er mai 1746, âgé de 74.

Et Joseph Mémie Jérôme de La Fournière, seigneur de Marson et de Montcets en partie, etc., avocat en parlement, conseiller du roy, lieutenant honoraire en l'élection de cette ville, m. en charge de cette église, décédé le 5 juin 1766. *Requiescat in pace.*

Saint-Alpin.

460. 1718

Icy reposent messire Nicolas Deu, prêtre, bachelier en Sorbonne, choisi par Mgr de Vialars pour remplir la cure de Vitry-le-François; il y donna pendant 10 ans des marques d'un grand zèle et d'une charité sans bornes envers les pauvres ; ensuite chanoine de cette église, il y édifia pendant 33 ans par une vie exemplaire et y décéda le 16e aoust 1718, âgé de 73 ans. — Messire Charles Deu, son frère, aussi chanoine de cette église pendant 48 ans, dont il a été le doyen 22 ans; infatigable dans les travaux de son ministère, il joignit toujours une grande pureté de mœurs à une prudence peu commune ; après une maladie très longue et très douloureuse qu'il soutint avec une patience vraiment chrétienne, il décéda universellement regretté le 21 septembre 1728, à l'âge de 74 ans. Priez Dieu pour le repos de leurs âmes.

Dalle en marbre noir, dans le transept nord de la cathédrale.

Tous deux fils de Charles Deu, écuyer, seigneur de Vieux-Dampierre, conseiller au présidial de Châlons, et de Marie Linage, frères du lieutenant général au présidial.

461.   **1720**

Hic jacet Gasto Jo. Bap. Lud. de Noailles episcopus comes Cata. par Franciæ............ obiit die XV sept. anno 1720, ætatis suæ 52, episcopatus 25. Charitatis suæ in amantissimum, fratrum monumentum hoc posuit mœrens Ludovicus de Noailles, archiepiscopus Par. s. c. r. card.

Cathédrale. Actuellement dans le Trésor ; avant, au bas

du sanctuaire du côté de l'Epître. — Evêque en 1695, après son frère, transféré sur le siège de Paris et cardinal.

462. 1728

Cy devant est inhumé le corps d'honorable home Jean Morel, marchand de cette ville, décédé le 6 juin 1728, âgé de 63 ans, lequel a légué à cette église, sa paroisse, par contrat passé ché Faron, notaire, deux pièces au terroir de Sarry pour un salut à perpétuité le 24 juin jour de sa feste, avec procession et bénédiction du Très S. Sacrement et le lendemain une messe basse pour le repos de son âme. Il attend la résurrection et vos prières. *Requiescat in pace.*

Saint-Alpin.

463. 1744

Cy gist Jacques-Joseph Deu, écuyer, seig^r de Perthes, le Mesnil et autres lieux, premier président trésorier de France au bureau des finances de Champagne, ancien lieutenant de ladite ville, décédé le 1er mars 1744, à l'âge de 74 ans. Et dame Marie-Anne Le Vautrel, son épouse, décédée le 3 septembre 1753, âgée de 76 ans Priez Dieu pour le repos de leurs âmes.

Ecu à l'arbre : couronne de comte. (Voir plus haut) : il fut lieutenant de ville, député au sacre de 1722 et logea dans son hôtel de la rue Saint-Jacques la reine en 1725. — Chapelle du couvent Saint-Joseph.

464. 1752

Cy gist honorable homme Michel Grojean, conseiller de l'hôtel commun de cette ville, ancien juge-consul, qui décéda le 6 mars 1752, âgé de 72 ans. Priez Dieu pour son âme.

Saint-Alpin.

465. 1754

Cy gist Gabrielle-Marguerite-Charlotte de Choiseul, dite mademoiselle de Beaupré, née le 30 octobre 1671, fille de Jacques-François de Choiseul-Beaupré, lieutenant général du roi au gouvernement de Champagne, maréchal de ses camps et armées, inspecteur général de cavalerie, gouverneur des ville et château de Dinant, et de Anne-Marie du Chastelet de Fresnières............ (1) de Choiseul-Beaupré, et tante de Claude-Antoine de Choiseul, évêque-comte de Chaalons, pair de France, et de Antoine-Cleriadus de Choiseul, cardinal-prêtre de la Sainte-Eglise romaine, archevêque de Besançon, prince du Saint-Empire, primat de Lorraine, qui a fait poser cette tombe. Laquelle est décédée le 22 janvier 1754, dans ce monastère où elle a vescu dans les continuelles pratiques de toutes les vertus chrétiennes, et a choisi sa sépulture dans cette église. *Requiescat in pace.*

(1) Passage martelé à la Révolution.

Ecu et losange dans un cartouche. — Couvent de Saint-Joseph.

466. 1754

Cy gisent Perrine Sorinet, décédée le 17 décembre 1754, et Elisabeth Chenet, le 22 avril 1769, sœur de charité.

Cathédrale.

467. 1760

Cy gist dame Marguerite de Joybert, veuve de Jean Aubelin, chevalier, seig' de Villers-aux-Bois, qui décéda en ce monastère le 30° de novembre 1760. Priez Dieu pour elle.— Cette pierre fut posée par Philippe Aubelin, son fils.

Couvent de Saint-Joseph. — Ecusson aux armes de Aubelin.

De ce mariage sont issus les Aubelin de Villers actuellement existants, dont l'une des descendantes est mariée au baron Ch. Secondat de Montesquieu. — Philippe épousa en 1731 Elise Beaugier, fille de M. de Bignipont et d'Anne de Givry.

468. 1768

Cy gist messire Jean-Antoine Debar de Saint-Martin, président trésorier de France au bureau des finances de Champagne, décédé le 14 mars 1768.

Seigneur de Saint-Martin, Blacy, officier au régiment

17

du roi avant de succéder à son père, marié à une fille de M. de Braux et de Mlle Doulcet, lieutenant de ville en 1758.

Saint-Loup.

469. 1772

Cy gisent François-Marie-Jean Morel, chevalier, seigneur de Vitry-la-Ville, Vouciennes, Cheppes, Saint-Martin-aux-Champs, Glacourt et autres lieux, président honoraire du présidial de Châlons né le 23 octobre 1703, mort le 1er septembre 1772. Et dame Marie-Blanche Le Clerc, son épouse en 1res noces, née le 20 janvier 1710, morte le 3 avril 1738. Priez Dieu pour leurs âmes.

Notre-Dame. — Double écu martelé. Famille remontant à Avril Morel, seigneur de Heiltz-l'Evêque en 1420. — François-Marie-Jean naquit en 1703 ; seigneur de Vitry-la-Ville dont il a construit le château, Vouciennes, Cheppes, Saint-Martin, Glacourt, Loisy, Le Fresne, président du présidial en 1724 ; marié le 21 juillet 1732 à Blanche Le Clerc de Morains, et le 17 avril 1737, à Anne Hoccart ; bisaïeul du comte actuel de Riocour.

Le Clerc, famille noble de Châlons qui a formé la branche du Tremblay à laquelle appartenait le Père Joseph, l'éminence grise de Richelieu. Marie-Blanche, fille de Nicolas, écuyer, seigneur de Morains, Nuisement, président trésorier de France, et de Rose de Poiresson, tante de la présidente Deu de Vieux-Dampierre. D'or au chevron d'azur accompagné de trois roses de gueules, feuillées de sinople.

470.   **1772**

Icy reposent messire Louis Hocart, chevalier, seigneur de Landricourt et autres lieux, ancien capitaine de carabiniers, chevalier de l'ordre royal et militaire de Saint-Louis, commissaire pour la noblesse du bailliage de Châlons, décédé le 29 décembre 1772, âgé de 74 ans. Et dame Elisabeth Aubertin, son épouse, décédée le 4 octobre 1771, âgée de 68 ans.

C'est le père du président ci-après. — Saint-Loup.

471.   **1777**

Ici reposent dame Madame Marie-Louise Hocquart, espouse de messire Louis-François-Memmie Hocart *(sic)*, chevalier, seigneur de Landricourt et autres lieux, conseiller du roy en tous ses conseils, président à mortier au parlement de Metz, commissaire de la noblesse du bailliage de Chaalons, décédée le 1er septembre 1777, âgée de 21 ans. Priez Dieu pour elle.

Louis-Marie-Philippe Hoccart, son fils, décédé le 16 janvier 1779, âgé de deux ans. — Saint-Loup.

La famille Hoccart fut reconnue noble par sentence des Elus de Rethel le 4 janvier 1536. La branche aînée se fixa à Sainte-Ménehould et posséda les seigneuries de Vienne-la-Ville, Dampierre-sur-Auve, Vaux, Felcourt, etc.; celle de Montfermeil, près Paris, s'éteignit au siècle dernier dans les maisons de Brissac de Montesquiou et d'Orsan ; une autre, de Turtot, établie en Bretagne, existe encore. — De gueules à trois roses d'argent.

Louis-Memmie, fils d'un officier de carabiniers, fut nommé conseiller en 1764. Il était cousin de Louis-Charles Hoccart de Mouy, premier président, guillotiné en 1793 avec l'un de ses frères ; un autre de ses frères ne mourut qu'en 1843, premier président de la cour de Toulouse.

472. 17..

. . . .
par les nœuds les plus respectables d'un amour conjugal que la piété et la rellgion ont cesté et consacré. Ci gisent aussi Jeanne et Marguerite-Berthe Parchappe de Vinay, leurs filles. Priez Dieu pour le repos de leurs âmes.

Notre-Dame. — Il s'agit évidemment de François Parchappe, seigneur de Vinay, blessé aux batailles de Parme et de Plaisance, bailli d'épée au bailliage de Châlons, marié en 1738 à Marie de Froment, ancienne famille d'Epernay, maintenue en 1669. — D'azur au chevron d'or, accompagné de trois colombes d'argent, becquées et emmanchées de gueule.

On voyait encore, il y a peu d'années, à la cathédrale, les dalles funéraires, ou au moins des fragments de :

Pierre Debar (1) [sic], doyen du chapitre, mort le 1er septembre 1687, à l'âge de 69 ans.

Pierre de Saint-Remy, archidiacre, mort en 1712.

Honorable Antoine Crété, bourgeois laboureur à Châlons, mort le 27 novembre 1717, et Jacqueline Le Gras, sa femme, le 9 septembre 1694.

Pierre Laigneau, archidiacre, mort en 1741.

François-Memmie Hoccart, doyen, grand vicaire membre de la Société littéraire de Châlons, mort le 26 juillet 1753 (2).

Remy Le Moyne, curé de.............. et N. Parigault, son neveu et successeur, mort en 1765.

Citons encore une dalle du XVIe siècle au nom de Pierre Colet, chanoine, et portant un écu chargé d'un chevron, accompagné de trois molettes posées 2 et 1.

---

(1) Fils de Jacques, receveur général des décimes, et de Perette Mathé, élu doyen en 1665.

(2) Né en 1694, fils de Daniel, trésorier de France, et de Anne Gérard ; choisi par Mgr de Noailles comme vicaire général, docteur en Sorbonne ; frère de Louis Hoccart ci-dessus.

TABLE

DES NOMS DE PERSONNES

Acy, 85.
Aelidis, 9.
Aigny, 318.
Alfeston, 245, 314.
Alixandre, 40.
Alpin (saint), p. 15 ; n° 1.
Amanenensis de Mota, 70.
Anglure, 417.
Antoine, 316, 320.
Aoust, 149, 286.
Appert, 363.
Archembaud, év., 15.
Arnoult, 228.
Aubelin, 179, 232, 265, 467, 470.
Aubertin, 234, 254, 309, 347, 470.
Aubry, 233.
Augy, 166.
Aulbry, 391.
Aurillac, 63.
Aux Massues, 106, 111, 120, 133.
Avergial, 75.
Aymon, 332.
Babault, 392.
Babele, 263.
Babete, 249.
Barbier, 455.
Barbier dit Picard, 223.
Barioldus Galteri, 156.
Baroncel 163.
Baudelot, 234.
Baudesson, 240.
Baudin, 385.
Bazire, 450.
Bellois, 268.
Bergières, 81.
Berthelemyn de Capi, 186.
Bertheul, 180, 264.
Berverel, 26.

Beschefer, 193, 246, 308, 446.
Billart, 385.
Billet, 233, 287, 376, 389, 418.
Biragne, 279.
Blayer, 205.
Boson, év., p. 15 ; n° 8.
Boules, 72.
Bourgeois J., év., p. 16 ; n° 269.
Boucharon, 383.
Bourgogne, 445.
Bouru Ciores, 168.
Branlart, 133.
Braux, 158, 285, 334, 354, 356, 359, 417, 434, 458.
Brichot, 203.
Brissier, 278, 303, 355, 412, 418, 429.
Brodier, 201.
Brossart, 203, 261.
Brulart, 444.
Burgaud, 144.
Bury, 452.
Bussy, 90, 220.
Cacqueret, 262.
Caillebert, 260.
Caillet, 454.
Cambray, 455.
Campy, 211.
Carlier, 348.
Carpentarius, 123.
Cauchon, 281.
Chalons (Evrard de), 24.
Chalancorto, 139.
Chalosie (de), 138.
Champaigne, 239, 267, 312, 449.
Chapellain, 255, 419.
Charlier, 294.
Charpentier, 352.
Charlier, 403.

Charuel, 456.
Charlot, 385.
Chastillon, 224, 330, 333, 344, 351, 360, 370, 384, 427.
Chemenach, 147.
Chapelaines, 68.
Château-Villain, 89.
Chateauvilain (J. de), év., 76.
Chatif, 200.
Chambrant, 75.
Chauffers, 39, 45.
Channnelle, 387.
Cheines, 204.
Chenet, 466.
Cherlolie Delpit, 188.
Choiseul-Beaupré, 465.
Classy, 55, 56.
Clausse N., év., 16.
Clausse Cosme, év., p. 16 ; n° 259.
Clément, 244, 338.
Clerboys, 448.
Clero, 319.
Clozier, 423.
Colesson, 434.
Colessonnet, 145.
Colet, 215, 261.
[p. 166, 247] — Collart, 317, 436, 448.
Colle, 245.
Callebault, 176.
Cellesson, 188, 329.
Combles, 248.
Condé, 113, 115.
Contat, 362, 369.
Coole, 118.
Coquart, 413, 429.
Coqueteau, 426.
Coret, 166.
Corneille, 405.
Coulon, 402.
Courmissi, 87.
Courtin, 447.
Courtisols, 81.
Cousinet, 304.
Crété, 261.
Cugny, 451.
Cuissotte, 195, 218, 285, 290, 334, 349, 364.
Cuny, 401.
Dainville, 63.
Dapremont, 437.
Daubenton, 99.
De Bar, 78, 224, 234, 261, 339, 357, 375, 386, 369, 420, 442, 468.
Delallin, 293.
Delaval, 379.
De la Voysin, 239.
Delisle, 453.
Derodet, 377.

Deroziers, 419.
Desistre, 415.
Des Salles, 391.
Dou (Vieux-Dampierre), 204, 306, 337, 341, 457, 460.
Dou (Perthes), 294, 318, 395, 463.
Deya, 274, 336, 367.
Didier, 249.
Didier Ouarin, 219.
Dolbel, 213.
Domhalle, 414.
Domitien (saint), 15.
Dommangin, 256, 339, 371, 406.
Dommartin, 50.
Donatien (saint), 15.
Douay, 224.
Doujames, 363.
Dubois, 295, 297, 333, 384, 385, 401, 451.
Du Chastelet, 465.
Du Courtil, 257.
Du Fresne, 17, 18, 29.
Du Moulinet, 297.
Du Puis, 312, 333.
Durand Boulanger, 181.
Elaphe (saint), p. 15 ; n° 2.
Enault, 232.
Escoutin, 229.
Espinay, 309.
Espinel, 38.
Estellins, 14.
Fabri, 217.
Fagnier, 359.
Fautrey, 336.
Ferri, 414.
Festier, 372.
Flé, 177.
Flévé, 397.
François, 291, 404.
Galet, 349.
Gargam, 278, 341.
Garnier, 346, 397.
Garnis, 310.
Gastebois, 398.
Gaucourt, 157.
Gauthelpo, 384.
Geffroy, 342.
Geremaines, 256.
Geresme, 354.
Gibouin, p. 15 ; n° 3.
Geoffroy Iᵉʳ, évêque, p. 15 ; n° 7.
Geoffroi, 111, 191.
Gillet, 230.
Givry, 328.
Godet, 235, 243, 252, 256, 290, 299, 342, 373, 444.
Godier, 208.
Gonfenonier, 59.

— 265 —

Goujon de Thulzy, 364.
Gouvillot, 93.
Gouvion, 129, 152.
Grandpré, 12, 61.
Grandgier, 276.
Gratian, 397.
Grignon, 430.
Grion, 377.
Grossayne, 232.
Grifon, 71.
Grojean, 464.
Groyer, 183, 190, 229.
Guerin, 260.
Guillaume, 271, 280, 353, 437.
Guillermus, 49.
Guio, 216.
Guio, 14.
Guy, 327.
Gyé, 400.
Haale, 347.
Hacquelande, 121.
Hanrie, 438.
Hanrot, 369.
Hans, 55, 66.
Hans (P. de), évêque, p. 15 ; n° 21.
Hasin, 253.
Havetel, 273, 344, 365, 412.
Hebert, 368.
Hennequin, 149, 256, 303, 308, 333, 354.
Herbunel, 441.
Hermant, 272, 393.
Hermonville, 141.
Heurault, 435.
Hocart, 261, 457, 470, 471.
Horguelin, 236, 264, 273, 278, 332, 345, 356, 393, 406.
Hue de Miromesnil, 447.
Huez, 405.
Hugo, 137.
Hugues, vidame, 30.
Hum, 228, 274, 297, 326, 360, 378, 399, 428, 445.
Ivonart, 188.
Jacobé, 359.
Jacquelot, 234.
Jacquemart, 288.
Jacquemin, 396.
Jacques, 408.
Jacquier, 10.
Jalon, 148.
Jean, 100.
Jennequin, 275.
Joannen, 333.
Jolly, 172.
Jourdain, 340, 392, 405, 446.
Joybert, 176, 422, 467.
Josseteau, 378.

Jubrian, 300.
Juvigny, 162.
Karquesay, 221.
La Blanche, 14.
La Cervenne, 96.
La Catte, 409.
La Fournière, 459.
Lafrieque, 296.
Lalgrange, 194.
La Guide, 379.
La Guille, 355.
La Hames, 254.
La Haye, 381.
Laigneau, 261, 454.
Lallemant, 243, 261, 270, 332, 364, 368, 370, 383, 405, 410, 427, 433.
Lambesson, 189, 202.
Langault, 367, 399.
Lanisson, 212, 249.
La Prouze, 315.
La Roche, 79.
Lasne, 323.
Lasson, 253, 380.
Latilly (P. de), évêque, 94.
Laupatris, 43.
La Veive, 231.
Le Besgue, 356, 393.
Le Blanc, 411.
Le Bourgeois, 96.
Le Boutilliers, 127, 162.
Le Caussonnier, 297.
Le Cerf, 165.
Le Chalosie, 289.
Le Chauive, 232, 428.
Le Choyselat, 300.
Le Clerc, 116, 182, 368, 469.
Le Cousin, 179, 184, 209.
L'Espagnol, 390.
Le Duc, 20, 325, 375.
Lefèvre, 182, 239, 266, 340.
Le Fel, 372.
Le Folmarié, 210, 363.
Le Gras, 261, 315.
Le Gentil, 276.
Le Goix, 383.
Le Gorlier, 149, 199, 209, 257, 390, 422, 438, 458.
Le Grancier, 95.
Le Grand, 238.
Le Huval, 274.
Le Jeune, 250.
Le Moyne, 259, 261, 429.
Lemoine, 316, 320, 384.
Le Nains, 105.
Le Papelard, 15, 16.
Le Parent, 151.
Le Picart, 92.
Lequeux, 227.

Leroux, 365.
Le Saine, 36, 47, 48, 67, 74, 101, 108, 136, 140, 155.
Lesraillé, 227.
Lestache, 300.
Lesville, 276.
Le Tartier, 258, 356, 430.
Le Thioys, 102.
Le Turc (G.), évêque, p. 16; n° 171.
Le Vautrel, 457, 463.
L'Hospital, 257.
Li Appareillez, 25.
Liétat, 302.
Linage, 283, 286, 309, 325, 347, 371, 376, 388, 418, 420, 442.
Li Pinel.
Loisson, 324.
Longuet, 439.
Loos (A. de), évêque, 28.
Loré, 226.
Lorinet, 317.
Loysi, 320.
Lumier (saint), 15.
Luxembourg (G. de), évêque, p. 16; n° 21.
Mabin, 140.
Machault, 33.
Macquart, 267.
Mahon, 305, 362.
Maillard, 237, 287.
Maisy, 134, 159.
Mandot, 247.
Marcenet, 264.
Marchis, 372.
Margival, 206.
Maguin, 231.
Marin, 295.
Marines, 350.
Marizy, 127.
Marolles, 459.
Marson (D. de), 19.
Martenet, 295.
Martine, 193.
Masson, 263.
Mauclerc, 349.
Maufais, 42.
Maulru, 143, 153.
Maupassant, 301.
Maupain, 314, 432.
Mauru Pelichel, 164.
Memmie (saint), 15.
Mengin, 184.
Menon, 249, 263.
Mesgrigny, 277.
Metz, 119.
Michels, 201.
Miot, 331.
Mirocurte, 174.

Moine, 126.
Molé, 121.
Mingeot, 318.
Montierender (A. de), 54.
Moolle, 109.
Montpetit, 231.
Morel, 462, 463.
Morillon, 169, 167, 322, 374, 393.
Morizet, 311.
Moulinchat, 104.
Mugot, 423.
Nau, 416.
Neuancourt, 364.
Nicolle, 419, 423, 426.
Nivers, 69.
Noailles, 361.
Noé, 402.
Noël, 36, 135, 248, 254, 263.
Noisette, 48, 80, 110, 140.
Novice, 245.
Origny, 438.
Oudin, 282.
Oulry, 258, 313, 366.
Ourconte, 79.
Paganus, 13.
Paillot, 361.
Pains, 197.
Pannetier, 292, 358.
Papillon, 324, 419.
Parchappe de Vinoy, 472.
Parigault, 261.
Paris (G. de), 27.
Pariset, 154, 173, 198.
Parjouet, 255.
Parvillez, 339, 365.
Payens, 107.
Pellu, 225.
Perrin, 254.
Perousse, 255.
Petit, 14.
Petit-Maire, 57.
Petit-Sayne, 112.
Picart, 394.
Pichotel, 369, 435.
Pierson, 318.
Pigal, 352.
Pinteville, 207, 227.
Plancy, 125, 131.
Poinsenet, 415.
Poiret, 340, 342.
Polin, 178.
Ponte, 142.
Pouillot, 310.
Poussin, 196.
Prato Gilberti, 58.
Prévost, 228.
Priou, 403.
Puppin, 265, 330.

Quelen, 221.
Quiri, 20.
Racine, 226.
Rafflin, 412, 424.
Rapinat, 333, 351.
Raus, 37.
Raussin, 403.
Recy, 84.
Regnauld, 170, 358.
Regnier, 192.
Rins-la-Brulée, 128.
Robert, 208.
Rochereau, 230, 393, 449.
Rochefort, 424.
Rocquet, 272.
Roger Ier, évêque, p. 15 ; n° 4.
Roger II, évêque, p. 15 ; n° 5.
Roger III, évêque, p. 15 ; n° 6.
Roger, 301.
Roland, 238, 271.
Rosnay, 445.
Rousseau, 292.
Roussel, 282, 407.
Rouvroy, 14, 188.
Roy..., 23.
Rupez, 52.
Saint-Hilaire, 114.
Sagerot, 374.
Saclet, 439.
Sancto Memmio, 86.
Saint-Remy, 261, 309, 347.
Saint-Triam, 65.
Sans (J. de), 41.
Sarceyo, 97.
Sarrebruck (J. de), év., p. 15 ; n° 167.
Sarry, 22, 136.
Sébille, 313.
Silleri (Th. de), 21.
Solzy, 53.
Sommesoubs, 440.
Sorame-Tourbe (R. de), évêque, 35.
Sommevesle, 46.

Sommièvre, 35.
Sooderin, 95.
Soreau (G.), évêque, 16.
Sorinet, 466.
Souain, 82.
Soulin, 291.
Sparnaco, 98.
Taissy, 134.
Talon, 295, 306, 324, 452.
Tartier, 245, 251, 306.
Tenyeo, 14.
Thiébaut-Moullin, 302.
Thiéry, 307, 321.
Thomassin, 314.
Thoumas, 73.
Tillot, 44.
Tiersaine, 105.
Toies, 22, 32.
Toignel, 187.
Truc, 376.
Trusson, 261, 337.
Tuillia ad Jardum, 170.
Tullier, 439.
Vaillaco (J. de), 62.
Vaillant, 307, 321.
Valeten, 14.
Valleré, 440.
Varin, 305.
Vassal, 408.
Vasse, 273.
Vaulboure, 204.
Vertus, 150.
Verut, 122.
Vialart de Herse, 443.
Vichonne, 185.
Vignier, 277.
Villeneuve, 31, 149.
Vinot, 338.
Vitry, (Conon de), évêque.
Vitry, 132.
Wiryot, 309.

1020 — Châlons, typ. Le Roy.

www.ingramcontent.com/pod-product-compliance
Lightning Source LLC
Chambersburg PA
CBHW050340170426
43200CB00009BA/1671